Pünktlich wie die Maurer

Rolf-Bernhard Essig

Pünktlich wie die Maurer

Handwerksredensarten und ihre wunderbaren Geschichten

Mit Illustrationen von Till Laßmann

Dudenverlag
Berlin

Inhalt

Die handfeste Basis unseres Alltags – das Handwerk

Die Heizung streikt? Die Fenster sind undicht? Ein intelligenter Zähler soll eingebaut werden? Eine Website muss professionell gestaltet werden? Das sind nur vier Beispiele dafür, wie wir im Alltag das Handwerk brauchen. Es erlebt aktuell einen Boom ohnegleichen. Kaum einer, der nicht von verzweifelter Suche nach Fachleuten erzählen kann. Das betrifft das altehrwürdige, zünftige Handwerk, also Glaser, Schreiner oder Installateure, und neue Bereiche wie Informationstechnik, Hörakustiker oder Wärme-, Kälte- und Schallschutzisolierer. Die Handwerksbetriebe suchen ihrerseits verzweifelt Nachwuchs – eine fatale Lage.

Handwerker im engeren Sinn kannten in den letzten gut zweieinhalb Jahrtausenden jede und jeder. Natürlich existierten sie schon längst vorher, man muss nur an die beeindruckenden Produkte steinzeitlicher Weber, Töpfer und Schmiede denken. Eine eigene klare Bezeichnung für »Handwerk« und »Handwerker« gibt es allerdings erst etwa ab 500 v. Chr. Im klassischen Griechisch findet man nämlich *banausia* und *banausos*. Wer jetzt an Wörter wie »Kunstbanause« denkt, bemerkt, dass die Bezeichnung nicht nur positiv war. Einerseits gab es damals bewunderte Handwerker und darunter geradezu mythische Künstlerpersönlichkeiten wie den Bildhauer Phidias oder den Maler Apelles, andererseits aber sahen Philosophen und Adlige auf die Handarbeiter herab. Sie sorgten dafür, dass *banausos* neben »handwerklich« auch »gemein« im Sinn von »niedrigen Standes« bedeutete. In diesem abschätzigen Sinn kam das Wort »Banause« um 1800 durch Übersetzungen altgriechischer Texte bei uns in Mode.

Wir dagegen achten die Handwerker und zählen im Alltag auf sie. Nicht wenige von uns beneiden sie wegen ihrer Kunst, sich selbst zu helfen, wegen ihrer Fähigkeiten oder ihrer Unentbehrlichkeit. Eine ganze Reihe von Handwerkern – realen und fiktiven – wurden gar berühmt. Denken Sie an das unsterbliche Märchen »Das tapfere Schneiderlein« oder an den Film »Der Schneider von Panama« mit Pierce Brosnan, Geoffrey Rush und Jamie Lee Curtis, an Johnny Depps Rolle als verrückter Hutmacher in »Alice im Wunderland«, an Pinocchios Ziehvater, den Holzschnitzer Gepetto, an den ganz realen Hans Sachs, den Meistersinger und Schuhmachermeister, an den italienischen Goldschmied, Bildhauer und Mörder Benvenuto Cellini oder an den Weber namens Zettel aus Shakespeares wilder Komödie »Ein Sommernachtstraum«. Noch viele andere Helden in Büchern, Dramen, Comics oder Filmen machten uns mit Werkzeug, Ausbildung und Sprechweise des Handwerks vertraut.

Nimmt man das alles zusammen, versteht man, dass Hunderte sprichwörtlicher Redensarten aus den Werkstätten und dem Alltag der Handwerker in unsere Sprache einwanderten, dort erfolgreich wurden und blieben. Sehr oft allerdings bemerken wir sie gar nicht, weil sie uns so vertraut sind.

Außer der schieren Fülle fasziniert ihre Unterschiedlichkeit. Da finden wir neben traditionellen Spezialausdrücken wie »etwas anzetteln« aus dem Weberhandwerk oder »über die Schnur hauen« aus dem der Zimmerleute auch recht allgemeine wie »jemandem ins Handwerk pfuschen« oder »ein Meisterstück sein«. Eher leicht verständliche, geläufige Sprichwörter wie »Schuster, bleib bei deinem Leisten« stehen neben geheimnisvollen, (noch) wenig verbreiteten Redensarten wie »19-Zoll-Gespräche führen«. Was wirklich dahintersteckt, wissen wir oft nicht. Manchmal liegt es daran, dass die Formeln so alt sind, manchmal daran, dass sie so neu sind.

Dieses Buch wird Ihnen, liebe Leserin, lieber Leser, bei vielen Fragen auf die Sprünge helfen. Sie erfahren, welche 300 Handwerksredensarten im Deutschen besonders beliebt sind, was hinter ihnen steckt und welche gut drei Dutzend Handwerkssparten sie betreffen. Ab und zu entstehen sie aus Anekdoten und Geschichten, die hier erzählt werden. Die Einteilung der Kapitel folgt übrigens nicht den offiziellen Definitionen. Sie fassen – oft nach dem wichtigsten Material – mehrere Handwerksbereiche zusammen, so zum Beispiel Holzverarbeitung oder Steinbearbeitung.
Nicht immer lässt sich entscheiden, ob eine Redensart sich ausschließlich dem Handwerk verdankt; schließlich machte es Menschen schon immer stolz, Reparaturen und andere Arbeiten selbst zu erledigen. Wie

heißt es in Schillers Drama »Wilhelm Tell«? »Die Axt im Haus erspart den Zimmermann.« Aus demselben Drama stammt – quasi als Warnung – auch: »Früh übt sich, was ein Meister werden will.« Dass Selbstversuche immer mal wieder teurer kommen als Profi-Arbeit, ist eine andere Geschichte. Sprichwörtliche Redensarten, die sich der Kleiderherstellung, dem Kochen, Bauen, Tischlern und Autoreparieren verdanken, sind deshalb oft nicht eindeutig dem Handwerk oder dem Alltag der Do-it-yourself-Meisterinnen und -Meister zuzuordnen.

Im Übrigen ernten Handwerkerinnen und Handwerker nicht nur Wertschätzung, sondern auch Spott. Schon der Titel dieses Buchs hat damit zu tun. Man sagt ja bereits sehr lange Zeit den Maurern nach, dass sie pünktlich mit Arbeitsschluss die Kelle und das Senkblei fallen lassen. Eine böse Geschichte erzählt davon, ein Maurer sei in einen Fluss gefallen, losgeschwommen, aber ertrunken, weil er von einer Kirche das Läuten für das Arbeitsende gehört und ab da keine Hand mehr gerührt habe. Was noch hinter der Redensart steckt, erfahren Sie im Kapitel über das Bauhandwerk und die Steinbearbeitung. Bäcker, Müller, Schneider, Metzger können ebenfalls das Lied vom Handwerksspott singen. Man verdächtigte sie vor allem, etwas vom übergebenen Gut – ob Korn, Tuch oder Schlachttier – für sich abzuzweigen oder auf andere Weise zu betrügen. Nun, schwarze Schafe gibt es in jedem Beruf und Bereich, und was ein rechter Handwerker ist, der kann schon mal einen Spaß vertragen.

Eine Bitte noch, ehe es losgeht mit sprichwörtlichen Redensarten zum Handwerk: Wenn Sie weitere schöne Beispiele mit einem spannenden Hintergrund kennen, egal ob neue oder alte, dann schreiben Sie mir gern eine Mail an dr.essig@web.de.

Ihr Rolf-Bernhard Essig

Meister aller Klassen

Allgemeine Handwerksredensarten

Kaum etwas ist so traditionsreich und doch so zeitgemäß wie die Ausbildung im Handwerk. Die meisten kennen Sprichwörter wie **»Lehrjahre sind keine Herrenjahre«, »Übung macht den Meister«** oder **»Es ist noch kein Meister vom Himmel gefallen«.** Man muss eben lange Zeit sein Handwerk lernen, ehe man vom Praktikanten zum Lehrling, vom Lehrling zum Gesellen und vom Gesellen zum Meister geworden ist. Auch international haben die duale Ausbildung und der Titel »Handwerksmeister« einen guten Klang – und »Handwerksmeisterin« genauso.

Das Wort entstand aus dem lateinischen *magister/magistra* für »Lehrer/Lehrerin«. Als sich das Handwerkswesen ab dem späten Mittelalter herausbildete, gab es gar nicht so selten Meisterinnen, wie man zahlreichen Verordnungen entnehmen kann. Heute sollte das selbstverständlich sein, und nicht nur, weil das Handwerk Nachwuchssorgen plagen. Jedenfalls sorgte die strenge Ausbildung in diesem Bereich dafür, dass man die viel älteren Wörter »Meister« oder »meistern« oder »meisterlich« zunehmend im Sinn von »wie eine Meisterin eines Handwerks« und **»wie ein Meister seines Faches«** verstand. In anderen Sprachen ist das nicht so, wo man eben *world champion*, *campione del mondo* oder *champion du monde* wird und nicht »Weltmeister«.

Ganz offensichtlich rein handwerklich zu verstehen ist die Redensart **»ein wahres Meisterstück sein/abliefern«.** Über Jahrhunderte mussten Gesellen als Nachweis ihrer praktischen Fähigkeiten besondere Werkstücke herstellen. Die durfte man **»meisterhaft«** nennen – wenn die Meister der Zunft mit ihnen zufrieden waren. Dann und nach einer mündlichen Prüfung konnte sich der Geselle nämlich mit dem Meistertitel schmücken. Herausragende Produkte tragen bis heute die werbende Bezeichnung »Meisterstück«.

Und was hat es mit dem sprichwörtlichen **»Handwerk hat goldenen Boden«** auf sich? Unter Fachleuten hört man es ungern, denn trotz hoher Anforderungen und guter Auftragslage kämpfen zahlreiche Betriebe ums Überleben. Schon vor zweihundert Jahren diente das Sprichwort der Aufmunterung von Lehrlingen und als stolzes Motto.

seines/ihres Zeichens

Bedeutung: von Beruf/Rang

Hintergrund: In vielen Städten Deutschlands sieht man fein ausgearbeitete Metallausleger, die mit einem besonderen Symbol auf Schneidereien, Goldschmiede, Frisiersalons oder Klempnereien hinweisen. Es handelt sich um sogenannte Zunftzeichen, deren Gebrauch von berufsständischen Organisationen erlaubt werden musste, den Zünften oder später Innungen. Ob Fassmacher, Zirkelschmiede oder Brauer – jedes Handwerk hatte seine Zunft und sein Zeichen. Sie entstanden in Anlehnung an die älteren Haus- und Hofzeichen und wurden spätestens im 16. Jahrhundert sprichwörtlich für den Beruf oder Rang eines Menschen. Die Illustrationen an den Kapitelanfängen in diesem Buch erinnern an die alten Zunftzeichen.

jemandem (dem lieben Gott) ins Handwerk pfuschen, Pfusch / ein Pfuscher sein

Bedeutung: in einem Bereich tätig sein, für den andere zuständig und geeigneter sind; schlechte Arbeit / ein Nichtskönner sein

Hintergrund: Wir lesen leider viel zu oft vom »Pfusch am Bau«, von selbst ernannten Heilern, die man besser gleich »Kurpfuscher« nennen sollte, von »verpfuschten Karrieren« und denken dabei doch selten ans Handwerk.

Dort beschimpfte und verfolgte man bereits Ende des 14. Jahrhunderts »Pfuscher«. Das waren Leute, die ohne Erlaubnis, ohne rechte Ausbildung oder gar heimlich ein Handwerk betrieben, die stümperhaft arbeiteten und mangelhafte Werkstücke produzierten. Der schon im 16. Jahrhundert sprichwörtliche Begriff entstand wohl im Zusammenhang mit dem lautmalerischen Wort »futsch«, das eine rasche, zischende oder schwirrende Bewegung nachahmte, wie wenn ein Vogel davonflattert beispielsweise. Was fort war, hatte keine Bedeutung mehr, und das war die Basis für einen neuen Fachbegriff im Handwerk. Zuweilen wurde außerdem auf ein ebenfalls lautmalerisches »pfusch« hingewiesen, welches das reißende Geräusch minderwertigen Stoffes nachahmte.

Im Handwerk beschrieben »Pfusch«, »pfuschen«, »Pfuscherei« und ähnliche Bildungen bis weit ins 18. Jahrhundert in eindeutig rechtlichem

Sinn die nicht zunftgemäß Geprüften oder Tätigen und deren Leistung sowie Arbeitsergebnis. Ursprünglich bedeutete **»ins Handwerk pfuschen«** dementsprechend »in die geregelte, gute, qualitätvolle Organisation des Handwerks schädigend eingreifen«. Daneben aber entwickelte sich immer stärker die allgemeine Bedeutung von »Pfusch« als »oberflächliche, fehlerhafte, schlechte Arbeit« und »unerwünschte, üble Einmischung«. Das beeinflusste Bildungen wie **»herumpfuschen«** oder **»jemanden in etwas reinpfuschen«.** Wie sagt das alte Sprichwort? **»Pfuscher sind Huscher.«**

Häufig liest man die spezielle Redensart, dass jemand **»dem lieben Gott ins Handwerk pfusche«,** die eher scherzhaft klingt, aber sehr ernst und kritisch gemeint sein kann. Dahinter steckt das Bild von Gott als erstem und bestem Handwerker, dessen Werke man nicht stören und mit ungenügenden Fähigkeiten nachahmen sollte. Das bezog sich vor allem auf menschliche Eingriffe in die Fortpflanzung und andere Naturgesetzlichkeiten.

Dass Gott als Handwerker aufgefasst wurde, hat schon mit seiner Schöpfertätigkeit bei der Formung der ersten Menschen aus Lehm zu tun. Ähnliche Vorstellungen kommen in vielen Texten, Illustrationen und Texten vor, beispielsweise im Lied der heiligen Crescentia von Kaufbeuren, wo Gott als Holzschnitzer erscheint: »Ich muss zwar bekennen, Gott hobelt mich sehr. Er haut mich, er schneidt mich, doch fällt mir nichts schwer. Willst wissen, warum so? Ich halte dafür, er schnitzelt halt gern einen Engel aus mir.«

jemandem das Handwerk legen

Bedeutung: jemandes schlechtem Tun ein Ende setzen

Hintergrund: Ursprünglich war die Redensart ein Fachausdruck aus dem Zunftwesen. Wer den Regeln von Zünften oder später von Innungen zuwiderhandelte, dem konnte man die Ausübung des Handwerks verbieten. Das wurde ganz offiziell **»jemandem das Handwerk legen«** oder **»niederlegen«** genannt. »Legen« hatte früher die Nebenbedeutung »stilllegen« und im Mittelhochdeutschen sogar »beenden«. Es gab darüber hinaus symbolische Akte, bei denen nach so einem Verbot Werkzeug abgegeben werden musste und in Verwahrung genommen wurde.

Schon vor einem halben Jahrhundert bekam das Spezialwort »Handwerk« eine ironische oder pauschale Zusatzbedeutung und konnte deshalb für jedwede Tätigkeit stehen, so **»sein Handwerk verstehen«,** was ja nur heißt, in einem Beruf oder Bereich sachkundig und fähig sein. Und seit Jahrhunderten spricht man vom gar nicht ehrenwerten »Gaunerhandwerk«, das freilich auch seine Gesetze und Ausbildungsstufen hatte. Das erklärt die negative Färbung der Redensart und ihre Nähe zu unrechtem Tun.

eine Schande für die (ganze) Innung sein, die ganze Innung blamieren

Bedeutung: eine Gruppe, der man angehört, durch Verhalten, Leistung etc. bloßstellen

Hintergrund: Der uralte Begriff »Innung« bezeichnete vor tausend Jahren noch allerlei Gruppen, Vereinigungen und Zusammenschlüsse. Zunehmend, ganz besonders seit dem letzten Viertel des 19. Jahrhunderts, bezog man ihn auf solche von Handwerkern. Bis heute sorgen Innungen dafür, dass gemeinsame Interessen gewahrt werden, ein Gemeinschaftsgefühl, ja ein Ethos lebendig bleibt und dass Prüfungen durchgeführt werden können. Es geht aber auch um eine interne Streitschlichtung, Weiterbildung und Gutachten, von Öffentlichkeitsarbeit zu schweigen.

Dazu passte ein starkes Wir-Gefühl. Stolz traten Innungen bei Festumzügen und anderen gesellschaftlichen Ereignissen mit Fahnen, feierlicher Berufskleidung und klingendem Spiel öffentlich auf. Deshalb empfand man Fehlverhalten und Fehlleistungen von Mitgliedern als Schmach für die gesamte Gemeinschaft.

Wer nun in kleineren Gruppen wie Familienverbänden oder Kollegenkreisen die Redensart **»eine Schande für die ganze Innung«** verwendet, der nutzt sie als eine Art – oft scherzhafte – Steigerung der Empörungsfloskel **»ein Schande sein«.**

Lehrgeld zahlen/geben müssen

Bedeutung: durch Unerfahrenheit Schaden erleiden

Hintergrund: »Mit irgendetwas bezahlt man immer« lautet eine Allerweltsweisheit. Mal mit der körperlichen Unversehrtheit, mal bloß mit Tränen oder schlechten Erfahrungen, recht oft mit barer Münze. Immerhin hofft man, aus Schaden klug zu werden, und damit ergibt sich die Verbindung zur Ausbildung von Lehrlingen.

Bis ins 20. Jahrhundert hinein bekamen sie keinen Lohn, mussten vielmehr ihren Meistern Lehrgeld zahlen, um bei ihnen lernen zu dürfen. Deshalb sagt man auch zu dummen Leuten, sie könnten sich **»ihr Lehrgeld zurückgeben lassen«,** weil sie offenbar für ihr Geld nichts gelernt hätten.

Nach dieser Vorstellung müssen wir beim Leben als unser aller Meister **»in die Lehre gehen«**, ob wir es wollen oder nicht, und eben immer wieder **»Lehrgeld bezahlen«.**

auf der Walz sein, Lehr- und Wanderjahre

Bedeutung: unterwegs sein / reisen

Hintergrund: Wenn man die knotenstockbewehrten Gesellen sieht mit ihren schwarzen Schlaghosen und dem Zylinder auf dem Kopf, dann spürt man schnell ein sehnsüchtiges Gefühl. Schließlich haben viele von uns die längst sprichwörtlich gewordenen **»Lehr- und Wanderjahre«** bereits hinter sich. Da verklärt man diese traditionelle, streng geregelte Reiseform ein wenig.

In der rauen Wirklichkeit kämpften Handwerksburschen jahrhundertelang mit dem Wetter, geizigen Meistern und Meisterinnen, misstrauischen Gendarmen und bissigen Schlachterhunden, wenn sie **»auf der Walz«** waren. Die Redensart, die heute so gut wie jedes Unterwegssein bezeichnen kann, ist mit dem Walzer verwandt. Beide verdanken sich dem althochdeutschen Wort *walzan* für »sich drehen«, aber auch »sich fortbewegen«.

Als Fachausdruck des Handwerks bezeichnete die Walz die vorgeschriebene Zeit des Wanderns und Lernens für Gesellen vieler Sparten, nicht nur für Zimmerleute. Der Schusterpoet Hans Sachs beispielsweise war sein Leben lang stolz auf seine Wanderjahre. Wer sonst kam in alten Zeiten schon aus den Stadtmauern des Geburtsortes heraus? Auch sorgte die Handwerkerwalz dafür, dass neue Techniken und Kniffe sich verbreiteten.

Gar nicht so einfach war es, immer **»seinen Meister zu finden«.** Der Ausdruck war lange Zeit wörtlich zu verstehen, denn nicht jeder Meister nahm Lehrlinge oder Gesellen an, und bei manchem wollte man gar nicht bleiben, weil man nichts bei ihm lernen konnte oder schlecht versorgt wurde. Längst versteht man jedoch »seinen Meister finden« sprichwörtlich im Sinn von »auf jemanden treffen, der einem überlegen ist«.

Spätestens mit Johann Wolfgang Goethes Romanen »Wilhelm Meisters Lehrjahre« (1795/96) und »Wilhelm Meisters Wanderjahre« (1821/29) verließen die Begriffe den Bereich des Handwerks im engeren Sinn und wurden – gerne als Paar – sprichwörtlich für eine geistig-menschliche Weiterentwicklung, an deren Ende man hoffentlich wird, was der Titelheld schon vom Namen her ist: Meister.

PS: An dieser Stelle muss erwähnt werden, dass weit vor dem 18. Jahrhundert Begriffe und Redensarten aus dem Handwerk häufig in Bezug auf die bildende Kunst und Literatur verwendet wurden. Das gilt bis heute, da die Kritik gern **»Meister ihres Faches«** lobt, die **»ihr Handwerk verstehen«.**

das Zeug zu etwas besitzen / das Zeug zu etwas steckt in einem

Bedeutung: das Talent, die Anlage haben, etwas zu werden

Hintergrund: In diesem Fall geht es um die Ausrüstung, vor allem das Handwerkszeug, sicherlich auch um die Fähigkeit, sich seiner zu bedienen. Wie die besten Werkzeuge in einer Werkstatt perfektes Arbeiten ermöglichen, so bestimmen die besten Anlagen in einem Menschen seine Zukunft.

Das Wort »Zeug« ist urverwandt mit »ziehen«, sodass sich **»was das Zeug hält«** und **»sich ins Zeug legen«** auf das Zuggeschirr beziehen. Wir kennen »Zeug« freilich auch als Bezeichnung für Kleidung, worauf sich **»jemandem am Zeug flicken«** bezieht, was später beim Schneider noch behandelt wird.

DER TROST DES ANALOGEN

Ist Ihnen vielleicht schon einmal aufgefallen, dass viele Computerprogramme mit Werkzeugsymbolen als Icons auf dem Bildschirm bezeichnet sind? Da ist zum Beispiel ein stilisiertes Zahnrad, das für »Einstellungen« steht. Sogar Schraubenschlüssel finden sich in einigen Programmen, Schraubenzieher, Scheren, Glühbirnen. Und Rechner einer erfolgreichen Marke bieten einen Werkzeugkasten unter der englischen Bezeichnung *Toolbox*, die u. a. für »Sammlung ergänzender Programmeinheiten« stehen kann bzw. einfach allerlei Möglichkeiten der Text- oder Bildbearbeitung zeigt.

Sie können auch eine Lupe wie beim Uhrmacher als Symbol finden, wenn es um Vergrößerungen geht oder als Hinweis auf ein Suchprogramm. Stifte und Lineale, die auch ein Zimmermann verwenden könnte, sieht man genauso wie altmodische Kamera-Icons, Telefonhörer, Lautsprecher mit Kalotten.

Das alles gehört einer vergangenen Welt an oder zumindest einer, mit der viele Menschen kaum noch etwas zu tun haben, da das Digitale ihren Alltag bestimmt. Wahrscheinlich macht genau das den Reiz, ja den Trost des Analogen aus: Da sind noch Deutlichkeit und Sinnlichkeit vereint. Wenn man einen Hammer sieht, und sei es nur als Bild, so strahlt er viel mehr aus als ein abstraktes Symbol. Man spürt innerlich seine Schwere, seine Wucht.

Ob es die »Craft-Beer«-Bewegung ist, der »Vintage-Look« oder die neue »DIY«-Welle, immer ist da eine Sehnsucht zu spüren nach einer Zeit, in der man mit der Hand etwas herstellte, mit meisterlicher Sorgfalt und handwerklichem Können. Wie man sich einen SUV kauft, um etwas raues Offroadfeeling in sein Stadtleben zu holen, so kauft man handgeschmiedete schwedische Äxte und dazu passende Keile, obwohl, nein, gerade weil man im Alltag eher Haare spaltet.

Der Trost des Analogen verhilft einer Menge Handwerker zu neuen Aufträgen, sogar zu ein paar Lehrlingen mehr, die Stoffe selbst färben, zuschneiden, vernähen wollen, die Holzbalken verzapfen wie vor fünfhundert Jahren oder reizvoll riechende Leimfarben anrühren wollen, mit Lehm verputzen lernen, Eisen formen mit Feuer und Eifer. Da kann man nur sagen: Hammer!

Da bleibt ein Stein auf dem anderen

Mauern, Steinmetzarbeiten, Bildhauerei

General Curtis LeMay drohte den Vietnamesen Anfang der 1960er-Jahre an, er werde sie in die Steinzeit zurückbomben. Wer als Steinzeitmensch bezeichnet wird, gilt als plump, dumm, unzivilisiert. Dabei waren unsere Vorfahren selbst in der Altsteinzeit schon handwerklich, technisch und kulturell auf einer Stufe, die Couch-Potatoes nie erreichen werden.

Wer einmal bei experimentellen Archäologen oder in einem Freilandmuseum einen Steinbearbeitungskurs mitmachte, weiß, dass die Geschicklichkeit unserer Urahnen außerordentlich groß gewesen sein muss. Das geht bei scheinbar primitiven Faustkeilen los und reicht bis zu Obsidianklingen, die es in puncto Schärfe mit Samuraischwertern aufnehmen können. Die Menge der Spezialwerkzeuge, die man in der Steinzeit herstellte, ihre oft zeitlos schöne Form und gute Handhabbarkeit überraschen die meisten, die bloß Klischeebilder von Fell tragenden Barbaren mit Keule im Kopf haben.

In der Jungsteinzeit kommen Steinbauten dazu, angesichts deren schierer Größe einem die Spucke wegbleibt. Das berühmteste Bauwerk ist sicher Stonehenge, das mindestens 4000, vielleicht 5000 Jahre alt ist, die hölzernen Vorgängerbauten 10 000. Noch zahlreiche andere, größere, ältere könnte man nennen und sich überlegen, welche Bauten unserer Zeit auch nur 100 Jahre überdauern werden. Der Transport gewaltiger Steinblöcke ist dabei das eine, das andere, ihnen dauerhafte Fundamente zu verschaffen, sie so zu behauen, dass sie eine Einheit bilden, sie bestimmten Funktionen entsprechend zu arrangieren, die uns heute meist Rätsel aufgeben.

Und wie steht es mit dem »Beton« der Römer? Ein Wunderstoff an Verbindungskraft, der das Pantheon zusammenhält, das Kolosseum, Aquädukte und viele andere Bauten, wohingegen Betonbrücken heutzutage oft nach 50 Jahren am Ende sind. Kurz und gut, Handwerker, die mit Stein arbeiten, stehen in einer Tradition, die staunen lässt.

ein armer Schlucker sein

Bedeutung: ein bedauernswerter, mittelloser Mensch sein

Hintergrund: In Österreich behaupten nicht wenige, dass ein Maurer und Bauunternehmer hinter dieser Redensart stecke. Philipp Schlucker hieß er, lebte 1748 bis 1820 und geriet in finanzielle Nöte, weil er die circa 22 Kilometer lange Ummauerung des Lainzer Tiergartens im Wienerwald für nur ein Sechstel des Preises der Mitbieter baute, was aber seine Kosten nicht deckte, oder weil er vertraglich vereinbarte Eingänge vergaß und dafür saftige Konventionalstrafen zahlen musste. Den bankrotten Maurer- und Baumeister nannten die Wiener wohl deshalb **»armer Schlucker«.**

Bis in den Redewendungen-Duden schaffte es diese zu Herzen gehende Geschichte, die deshalb hier auch einen Platz finden darf, weil man an ihr etwas Exemplarisches zeigen kann. Da ist zuerst die unbezweifelbare Tatsache, dass uns Menschen alles Menschliche besonders interessiert. Kommen dann noch gut erzählte Geschichten hinzu, haben korrekte, aber langweiligere Erklärungen von Redensarten kaum noch eine Chance. Es gibt wiederum Sprichwörter, die dieses Phänomen erklären, so Giordano Brunos Diktum *Se non è vero, è ben trovato.* Auf Deutsch: »Ist es auch nicht wahr, ist es gut erfunden.« Und dann gibt es noch das viel jüngere englische Sprichwort: *Never let the truth get in the way of a good story.*

Bei Philipp Schlucker, seiner Mauer und seinem Schicksal machen schon die unterschiedlichen Versionen stutzig, erst recht aber der Umstand, dass er etwa fünf Jahre nach den angeblich ruinösen Vorfällen noch gut im Geschäft war. Er kann dennoch von Zeitgenossen, die den Geschichten glaubten, als »armer Schlucker« bezeichnet worden sein, aber die Redensart erklärt das nicht. Die ist nämlich bereits über 200 Jahre zuvor belegt und bezieht sich auf bemitleidenswerte Menschen, die wegen ihrer Armut alles schlucken mussten, was sie nur bekommen konnten. Etwa 100 Jahre später bezeichnete **»ein guter Schlucker sein«** jemanden, der Essen und Trinken zu genießen verstand und dabei eine gute Haut blieb. Das setzte sich aber nicht durch.

pünktlich wie die Maurer

Bedeutung: sehr pünktlich

Hintergrund: Ob lobend, scherzhaft oder erstaunt gemeint, der Ausdruck ist außerordentlich beliebt. In satirischen Geschichten, Witzen und Bildern stellte man immer wieder Maurer dar, die auf den Glockenschlag zum Arbeitsende die Kelle fallen lassen. Bereits vor 150 Jahren fand sich die Redensart in diesem Sinn im Sprichwörterlexikon Karl Friedrich Wilhelm Wanders.

Dabei liegt der Redensart wohl lediglich eine Bedeutungsverschiebung des Wortes »pünktlich« zugrunde. Es hieß bis ins 19. Jahrhundert hinein oft »auf den Punkt genau« und also »besonders exakt«. Genau das war die Aufgabe der Maurer bei ihrer Arbeit. Wie exakt und stabil sie mauerten, beweisen die gigantischen gotischen Kathedralen, die zumeist geniale Maurermeister entwarfen und bauten. Der Beruf des Architekten existierte damals noch nicht.

Ob große Baumeister oder Maurer gewöhnlicher Baustellen, immer hatten sie auf exakte Geradheit und Stabilität der Mauern und Fundamente zu achten. Als Muster der Genauigkeit wurden sie deshalb sprichwörtlich. Die Redensart bedeutete deshalb wohl ursprünglich »genau sein wie ein Maurer«.

Seit um 1500 die weithin sichtbaren Uhren an Kirchtürmen und Rathäusern der genau gemessenen Zeit immer mehr Bedeutung verschafften, begann man – vielleicht auch in Anspielung auf die gliedernden Punkte auf ihren Zifferblättern – »pünktlich« zu verstehen als »auf den Zeitpunkt genau«. Und um 1800 etwa begann dann der Spott über den Maurer, der überpünktlich seine Arbeit schlagartig beendet, populär zu werden und die alte Bedeutung schließlich ganz zu verdrängen.

Handwerkerspott dieser Art ist weit verbreitet, und er trifft beispielsweise auch die Zimmerer, die Müller, Bäcker, Schneider. Mancherorts bezeichnet man Rares mit dem bösen Ausdruck **»selten wie Maurerschweiß«.** Freilich wiegen positive Redensarten den Spott oft auf. So heißt es: **»Ein geschickter Maurer verwirft keinen Stein.«** Da gilt er als vorbildlich im Einsatz des Gegebenen. Und wegen ihrer Gewohnheit, alles genau zu nehmen, sagte man vor 150 Jahren: **»Wer zu den Maurern geht, wird gemessen.«** Die Bedeutung? »Wundere dich nicht über erwartbare unliebsame Erfahrungen!« Bei den meisten von uns fände man schließlich bei genauer Messung und Beurteilung Fehler oder Schlimmeres.

Jemand mauert.

Bedeutung: Sie ist so vielfältig, dass sie ausnahmsweise erst im folgenden Text erläutert wird.

Hintergrund: An sich ist die Sache einfach. Die Germanen lernten von den Römern die Technik, behauene Steine mit Mörtel zu verbinden. Was dabei entstand, nannten sie nach dem lateinischen Wort *murus*, woraus im Deutschen die Bezeichnungen »Mauer« und »mauern« entstanden.

In den ersten Jahrzehnten des 20. Jahrhunderts veränderte sich der Sinn von »jemand mauert«. Es ging nicht mehr um Baustellenarbeit, sondern ums Kartenspielen, dann um Verhandlungen, Liebesverhältnisse und vieles mehr.

Mit großer Wahrscheinlichkeit spielt hier der Unterschichten-Slang eine wichtige Rolle. In ihm tauchten oft Wörter der Gauner- und Händlersprache Rotwelsch auf und darin wiederum oft Jiddisches. »Mauern« im sprichwörtlichen Sinn entstand wohl aus dem Wort *Maure*, das im Rotwelschen »Angst, Sorge, Furcht« bedeutet. Es fußt auf dem Hebräischen *mōrā* und dem Jiddischen *mora*, was ebenfalls »Furcht« heißt.

So konnte im Rotwelschen »jemand hat Maure« bedeuten, dass er aus Angst etwas unterließ. Das klang für Nichteingeweihte nach dem bekannten deutschen Wort »Mauer«, zumal das Sprachbild eines Ängstlichen, der sich hinter Mauern verschanzt, sehr bekannt und beliebt war.

Die vielfältig zu verwendende Redensart ist erstmals in Kreisen der Kartenspieler in diesem Sinn greifbar, genauer gesagt 1956 in Berlin. Bald aber erweiterte sich die Bedeutung. »Mauern« konnte nun »zurückhaltend spielen« heißen oder »strategisch, klug und vorsichtig spielen«. Und Mitspieler versuchten dann, diese Position aufzubrechen, indem sie riefen: **»Hör auf zu mauern!«**

Seit vielen Jahrzehnten findet sich die Redensart auch in politischen Auseinandersetzungen und Verhandlungen aller Art. Da beschreibt sie eine Fülle von Verhaltensweisen, so im Sinne von »sich unzugänglich/unnahbar geben«, »sich distanzieren«, »sich abgrenzen«, »sich widersetzen« oder »sich gegen etwas sperren«, »unwillig sein«. Damit nicht genug. In Befragungen kann »jemand mauert« eine Aussageverweigerung beschreiben, die Verschleierung von Sachverhalten oder die Behinderung von Ermittlungen.

Überall bleibt das Bild des Errichtens einer Mauer lebendig, die ja auch als Bauwerk vielfältigste Funktionen erfüllt, nicht zuletzt im Fußballsport, in dem die Mauer beim Freistoß allgemein bekannt ist, ebenso die »mauernden Mannschaften«. Sie verteidigen ausschließlich und mit aller Kraft, womit sie gleichsam eine lebendige und bewegliche Mauer bilden. Das sehen Zuschauer wie Reporter ungern, weshalb sie die Redensart hier durchweg negativ verwenden.

etwas untermauern

Bedeutung: eine Aussage o. Ä. mit Argumenten, Beweisen, Belegen bekräftigen, verstärken

Hintergrund: Über Jahrtausende baute man Behausungen direkt auf dem oder sogar im Erdboden. Selbst einfache Steinhäuser errichtete man auf diese Weise und durchaus stabil. Doch mit einem Fundament, das man im Deutschen auch als »Grundmauer« bezeichnet, erhöht sich die Festigkeit entschieden. Ein Gebäude damit zu versehen nannte man schon vor gut fünfhundert Jahren im Fachjargon »untermauern«.

Das übertrug man im 19. Jahrhundert, zuerst wohl im juristischen Sprachgebrauch, auf Sachverhalte und Behauptungen. Schließlich konnte man eine schlüssige Folge von Argumenten, bei denen eins aufs andere aufbaut, auch als eine Art Gebäude betrachten. Untermauerte man es mit Beweisen und Belegen, wurde es standfest. Dazu passt das Fremdwort von der »fundierten« Aussage, das wiederum mit dem Fundament direkt zu tun hat.

der Grundstein/Eckstein/Eckpfeiler für etwas sein, den Grundstein für etwas legen

Bedeutung: der entscheidende/richtige Ausgangspunkt für etwas sein, die Grundlage für die Entwicklung von etwas schaffen oder eine Entwicklung einleiten

Hintergrund: Die Grundsteinlegung gehört zu den langweiligsten und doch unsterblichen Bildmotiven in Zeitung und Fernsehen. Immer stehen Leute herum, gern mit Bauwerkzeug in der Hand, darunter immer irgendjemand mit einem Hammer. Mit diesem wird auf einen Stein gehauen, der manchmal hohl ist und gefüllt mit Zeitzeugnissen wie Münzen, einer Tageszeitung oder dem Bauplan. So eine Zeremonie kennen viele Kulturen und Zeitalter als feierlichen Beginn eines Baus.

Im Deutschen gibt es das Wort »Grundstein« seit dem 14. Jahrhundert. Eigentlich bilden alle Grundsteine zusammen erst das Fundament, doch im sprichwörtlichen Gebrauch geht es lediglich um den ersten Stein. Mit der Setzung des Grundsteins ist der Anfang eines Baus gemacht, und wir wissen: »Aller Anfang ist schwer.« Das führte für **»Grundstein legen«** zu der Bedeutung »einen Anfang machen« und um 1500 zu »einen entscheidenden Ausgangspunkt bilden«.

Das passte durchaus noch zu den Tatsachen des Bauhandwerks, aber bald verstand man unter »Grundstein« noch viel mehr, nämlich das Fundament selbst. Das hat wohl auch mit der religiösen Verwendung des Wortes zu tun und seiner Übertragung auf Jesus. Er selbst zitiert in Matthäus 21, Vers 42 den Psalm 118, in dem es heißt: »Der Stein, den die Bauleute verworfen haben, ist zum Eckstein geworden.« In vielen theologischen Schriften bezeichnete man Jesus als Grund- oder Eckstein und meinte damit, er sei die Basis der ganzen Religion.

Dazu passt auch die Redensart **»der Eckpfeiler von etwas sein«,** die sich auf entscheidende und tragende Säulen an den Ecken von Bauten bezieht. Eigentlich garantieren ja erst drei, vier oder mehr Stützen die bauliche Stabilität. Die Redensart tut aber so, als seien eine Säule oder ein Pfeiler allein schon entscheidend, wenn beispielsweise vom »Eckpfeiler der Bewegung« geschrieben wird oder vom »Eckpfeiler einer Position«. Das Bild wurde in leichter Variation zum geflügelten Wort durch Henrik Ibsens Schauspiel »Stützen der Gesellschaft«.

auf jemanden bauen können, auf Sand gebaut haben / auf Sand gebaut sein

Bedeutung: sich auf jemanden verlassen können, sich auf etwas sehr Unsicheres verlassen haben / äußerst unsicher oder zum Scheitern verurteilt

Hintergrund: Ein schöneres Lob als **»Auf dich kann man bauen«** ist kaum denkbar. Es vergleicht einen Menschen mit einem sicheren

Fundament. Sprichwörtlich erweitert sagt man zuweilen **»Auf dich kann man Häuser bauen«,** um die Redensart zu steigern und anschaulicher zu machen.

Früher hieß es auch, jemand sei **»wie ein Fels«,** und Jesus sagte ja laut Matthäus 16,18 zu Petrus (dessen Name im Griechischen wörtlich übersetzt »Fels, Stein« bedeutet), er sei der Fels, auf den er seine Kirche bzw. Gemeinde bauen wolle. Nun, die Übersetzung dieser Passage ist umstritten, doch sie ließ die einfache Redensart sicher noch populärer werden. Klar ist, dass Jesus ebenfalls im Matthäusevangelium (7,24-27) von einem klugen Mann erzählt, der sein Haus stabil auf einen Felsen baute, und einem törichten, der sein Haus instabil auf Sand baute.

Das einleuchtende Gleichnis lebt bis heute als geflügeltes Bibelwort weiter, wozu sicher auch Georg Neumarks Lied »Wer nur den lieben Gott lässt walten« aus dem Jahr 1641 beitrug. In dessen erster Strophe heißt es: »Wer Gott dem Allerhöchsten traut, der hat auf keinen Sand gebaut.«

Brick and mortar / B&M(-Business)

Bedeutung: sprichwörtlicher Gegenbegriff zu reinen E-Commerce-Unternehmen ohne Zentralen oder Filialen in der Nicht-Internet-Welt

Hintergrund: In zahlreichen Geschäftsberichten und Artikeln der Wirtschaftspresse liest man längst auch in Deutschland die schön anschauliche Redensart, welche kurz gesagt den Sitz einer Firma in einem stationären, immobilen Sinn bezeichnet. Dabei kann man sie polemisch, neutral oder positiv verwenden.

Wörtlich übersetzt heißt sie nur »Backstein und Mörtel« und kam vielleicht das erste Mal in Hermann Melvilles »Moby Dick« vor. Schon lange gab es ja den Gegensatz zwischen abschätzig beurteilten fahrenden Händlern oder Hausierern und dem stationären Handel in repräsentativen Gebäuden.

Seit der Online-Handel boomt, gehen dagegen viele traditionelle *Brick-and-mortar*-Geschäfte den Bach runter – man denke nur an die Video- oder DVD-Verleiher. Außerdem fragen sich viele Firmen, aber auch Verwaltungen, ob sie überhaupt noch eine *Brick-and-mortar*-Dependance benötigen, die hohe Kosten bei Bau und Instandhaltung oder Immobilität und beschränkten Zugang mit sich bringt. Freilich untermauern längst sogenannte Flagship-Stores die Erkenntnis, dass auch traditionelles

B&M-Business in aufsehenerregender oder bekannter Umgebung eine eigene Ausstrahlung besitzt und Gewinn bringen kann. Dass lokale und regionale Geschäfte, Unternehmenssitze, Verwaltungsgebäude das Geld im Lande halten, belebte Städte ermöglichen und persönliche Nähe erlauben, versteht sich außerdem.

unterkellert sein

Bedeutung: Etwas ist unter der Oberfläche mit tiefer Bedeutung versehen.

Hintergrund: In anderen Ländern wie den USA sind Keller nicht die Regel, und Maurer wissen, dass sie einen erheblichen Mehraufwand beim Bau bedeuten. Dabei sieht man diesen Teil des Hauses nicht einmal. Unheimlich wirkt er auf manche Menschen, geheimnisvoll auf andere, zuweilen einfach wie eine unwirtliche und unordentliche Reihe von Räumen, die man nur selten betritt.

Spätestens bei Sigmund Freud und seiner Psychoanalyse kam eine Art Bauplan der Psyche auf mit dem Über-Ich, dem Ich und dem Es, mit Bewusstsein und Unterbewusstsein. Parallel dazu – vielleicht auch in Verbindung mit der Redensart **»Leichen im Keller haben«** für »peinliche Geheimnisse haben« – entwickelte sich die Wendung, etwas sei unterkellert.

Literaten, Künstler und Kunstwissenschaftler nahmen das Bild auf. Sie beschrieben mit **»etwas unterkellern«** oder **»etwas ist unterkellert«** meist lobend die auf den ersten Blick nicht sichtbare Arbeit an einem Unterbau für ein Kunstwerk, womit unerwartete schöpferische Tiefe erreicht wird. Oft weist die Redensart auf eine geheimnisvolle Qualität von Werken hin, die nicht einfach zu ergründen sind.

jemandem die Mauer machen, Mauer stehen

Bedeutung: jemanden unterstützen, jemanden abschirmen

Hintergrund: Die eng verwandten Redensarten sind in Österreich allgemein bekannt und in der Schweiz ebenfalls zu hören. Im 19. Jahrhundert kamen sie auch bei uns im Bereich der Gaunersprache vor, aus der sie augenscheinlich stammen. Ursprünglich ging es um die Abschirmung eines Diebes bei seinem Klau, vor allem beim Taschendiebstahl. Den

KELLER-GESCHICHTEN

Haben Sie noch einen Partykeller in Funktion erlebt? Gehörten Sie schon mal zu den Kellerkindern? Oder gehen Sie gar manchmal zum Lachen in den Keller? Dieser Ort im Haus gehört zu den wunderlichsten, weil er ebenso dunkel sein kann wie gemütlich, so unheimlich wie einladend – denken Sie nur an Vorratskeller voll Wein, Kartoffeln, Eingemachtem.

Einen Keller gut zu bauen, das verlangt gewisse Handwerkskunst, muss er doch trocken bleiben oder zumindest rasch wieder trocknen. Ich kenne einen Hausbesitzer, dessen Keller erst wieder benutzbar ist, seit ein kluger Handwerker die alten, bei der letzten Renovierung zugestopften Ein- und Austrittsöffnungen für Wasser befreite. Das Haus liegt in einer Senke, wo immer mal wieder viel Wasser aufs Haus drückt. Mit den Öffnungen hat man für ein paar Tage Wasser im Keller, das dann aber wieder abfließen kann, ehe es die Mauern hochsteigt.

Von grausamen Kellergeschichten der letzten Jahrzehnte soll hier nichts erzählt werden, höchstens noch von den erwähnten **»Leichen im Keller«.** Die stehen für unangenehme, peinliche Geheimnisse und kommen in anderen Ländern z. B. als *skeleton in the closet/cupboard* vor. Im Englischen stammen die frühesten Belege vom Anfang des 19. Jahrhunderts; bei uns wird die Redensart angeblich erst seit den 1950er-Jahren verwendet. Mit gewisser Wahrscheinlichkeit steckte lediglich dahinter, dass der Keller als unheimlicher Ort galt, dass sowieso Ratten- oder Katzenleichen dort zu finden waren, dass man mancherlei dort unten verstecken konnte. Allerdings spielte sicher Theodor Fontanes Kriminalgeschichte »Unterm Birnbaum« von 1885 eine Rolle und der Film »Arsenic and Old Lace« von 1944 (deutsch: »Arsen und Spitzenhäubchen« 1957). Beide waren außerordentlich populär, und in beiden vergräbt man Leichen im Keller.

temporären Sichtschutz, gleichsam die Mauer, bildeten Komplizen für den Täter, die denn auch im Gaunerjargon »Mauermacher« hießen.

Das übernahm man im politischen und allgemeinen öffentlichen Bereich, wenn jemand gegen bohrende, unangenehme, heikle Fragen von jemandem abgeschirmt wurde, der damit für den Verdächtigten eintrat. Er **»machte ihm die Mauer«.**

jemanden/etwas wieder ins (rechte) Lot bringen, ins Lot kommen, jemanden aus dem Lot bringen

Bedeutung: jemanden wieder zur Vernunft bringen / etwas in Ordnung bringen, in Ordnung kommen oder bereinigt werden, jemanden aus dem Gleichgewicht bringen oder verwirren

Hintergrund: Es gibt zwei Werkzeuge, die symbolisch für den Maurer stehen: die Kelle und das Senkblei bzw. Lot. Letzteres war lange Zeit nur eine Schnur mit einem Gewicht am Ende. Sie diente als Richtlinie, um Mauern exakt senkrecht zu errichten. Das nannte man deshalb **»im Lot sein«,** woraus auch **»ins Lot bringen«** entstand. Weil das Senkrechte beim Bau für das Richtige und Korrekte, ja für das Ideal stand, wurde es in vielfältiger Weise sprichwörtlich. Dabei war alles positiv, was im Lot war, negativ, was aus dem Lot war.

Das Wort »Lot« ist übrigens in seinen Wurzeln sehr alt und mit dem englischen *lead* (»Blei«) verwandt. Die Gewichte für das Lot der Maurer, aber auch für die Tiefenlotung auf See bestanden aus Blei, und Lot wie *lead* gehen auf das germanische *lauda* für »Blei« zurück. Selbst das Löten gehört zu dieser Wortfamilie, weil man früher nicht Lötzinn, sondern Blei dafür benutzte.

Auch neue Redensarten wie **»alles senkrecht«** für »alles in Ordnung«, **»immer schön senkrecht bleiben«** für »immer Haltung, Fassung bewahren« oder **»das einzig Senkrechte«** für »das einzig Richtige« fußen auf dem Bild des Maurers, der seine Mauern im Lot errichtet. Vor 200 Jahren verstand man den Zusammenhang mit dem Senkblei ganz direkt, wenn es für etwas, das in Ordnung war, hieß: »Die Sach ist im Blei!«

einen Bernhard machen

Bedeutung: einen Stein beim Behauen verderben

Hintergrund: Die Redensart ist kaum über den Kreis von Bildhauern und Steinmetzen hinaus bekannt – außer man heißt Bernhard. Dann stößt man mit gewisser Wahrscheinlichkeit auf sie, oder man wird darauf gestoßen.

Es geht dabei um ein Strafritual angesichts grober Fehler oder des Verderbens von Werkstücken, das ähnlich in vielen Handwerksbereichen zu finden ist. Bei den Steinmetzen ging es um Skulpturen, aber auch Bausteine, die wegen falschen Behauens untauglich für ihren Zweck waren. Da genügte ein ungeschickter Schlag, der zu viel Material abplatzen ließ oder das Werkstück spaltete, eine falsche Messung oder das Missverstehen eines Auftrags.

Der Entdeckung solch einer Fehlleistung folgte – und das schon vor 1000 Jahren – der Spott der Zunftgenossen sowie die feierliche Beisetzung des steinernen Missgeschicks in der Nähe der Bauhütte oder des Bauwerks, an dem gearbeitet wurde. Und dabei musste der Verursacher alle freihalten. **»Einen Bernhard machen«** war also peinlich und teuer zugleich, dafür hoffentlich lehrreich für die Zukunft.

ZWISCHEN STEIN UND HOLZ

Ein poetisches Sprichwort sagt: **»Holz ist leicht auf Wasser und Stein leicht auf Holz.«** Beide Materialien sind bearbeitbar, zuweilen sogar mit ähnlichen Methoden. Schon das lässt mich dieses Gelenk- und Zwischenkapitel einschalten. Historische Gründe kommen dazu, die holz- und steinverarbeitendes Handwerk verbinden. Beispielsweise im Falle der Dachdecker, um die es jetzt gehen wird.

Das kannst du halten wie ein Dachdecker.

Bedeutung: Mach's doch, wie du willst, es ist ganz egal.

Hintergrund: Der Spottspruch ist so bekannt wie vergleichsweise jung. Gegen Ende des 19. Jahrhunderts tauchte er auf, vor allem in der städtischen Umgangssprache. Warum gerade der Dachdecker so frei in seinem Tun sein soll?

Die übliche, weit verbreitete Erklärung: Er arbeitet so hoch oben, dass ihm niemand bei der Arbeit auf die Finger gucken kann. Weitere Ideen betreffen den Umstand, dass man sich dort oben immer gut festhalten muss, um nicht abzustürzen. Dabei ist es egal, ob mit der rechten oder linken Hand.

Saloppe Sprüche gingen noch weiter und behaupteten, es sei egal, von welcher Dachseite der Dachdecker herunterfalle oder herunterpinkle, mit welcher Hand er seinen Penis dabei halte und vieles andere mehr.

Der Zentralverband des Deutschen Dachdeckerhandwerks in Köln versuchte, die spöttische Redensart in ein neues Licht zu tauchen und in einem ernsten, historischen Sinn zu erklären. Er führte ganz korrekt aus, dass es in Zeiten des Zunftzwangs zwar überall Dachdecker gab, aber keine so große Zahl, dass es für eine eigene Zunft gereicht hätte. Diese Handwerker durften daher ausnahmsweise ohne Zwang wählen, in welche Zunft sie eintreten wollten. Meist war es die der Maurer oder die der Zimmerleute.

Nun führen aber Quellen das Dachdeckerhandwerk schon im 13. Jahrhundert auf, der Zunftzwang ist jüngeren Datums, und die Redensart kam noch viel später auf. So spricht vieles dafür, dass es sich nicht um eine Bildung mit fachlichem oder geschichtlichem Hintergrund handelt, sondern um den Spott von Laien, die sich lediglich die Dachdeckerarbeit in der Höhe als ein freies, schwer kontrollierbares Tun vorstellen. Mehr Sicherheit ist einstweilen in der Deutung nicht zu erreichen.

Einen Sparren zu viel / zu wenig / locker haben

Bedeutung: nicht recht bei Verstand sein

Hintergrund: Das Fachwort der Zimmerleute »Sparren« bezeichnet schon seit langer Zeit die stabilen Dachbalken. 1616 definiert man es schön klar als »ein Holz, darauf die Dachlatten geschlagen werden«.

Eine wichtige Rolle spielten sie bei Strafen für Verwalter, die sich nicht an ihre Pflichten hielten. Ihnen durfte man einen Sparren aus dem Hausdach herausziehen. Das schwächte die Konstruktion entschieden.

Es lag nahe, das Dachgebälk auf den Kopf zu übertragen, dessen oberster Teil nicht umsonst »Schädeldach« heißt. Man kennt denn auch noch heute den Spott vom »Dachschaden«, der offenbar die Denkfähigkeit beeinträchtigt. Wie spottete Uwe Dick hintersinnig: »Wer einen Dachschaden hat, der ist freilich fürs Höhere offen.«

In diesem Sinn sind die Sparrenredensarten zu verstehen – als Dachschaden, der für Blödheit steht. Im 16. Jahrhundert schrieb Hans Sachs schon über einen Dummkopf: »Ich mein, der Doctor hab eins Sparrn / Im Kop zu weng oder zu vil.« Das Bild für »nicht ganz richtig im Kopf sein« betrifft hier wie in anderen Fällen den Mangel an etwas oder auch die mangelnde Festigkeit. So in **»nicht alle Tassen im Schrank haben«** oder **»bei jemandem ist eine Schraube locker«.**

über die Schnur hauen / sich verhauen, eine Richtschnur sein

Bedeutung: übertreiben, übermütig sein, gegen das Gebotene verstoßen / einen groben Fehler machen, eine Orientierungshilfe, ein klassisches Maß sein

Hintergrund: Handwerkerkniffe halten sich leicht über fünf, gar zehn Jahrhunderte. So weiß man von Zimmerleuten, die bereits im Hochmittelalter für das Anfertigen von Deckplanken, Fachwerk und Balken aller Art eine Schnur verwendeten, um exakte Kanten und Geraden zu erhalten. Man spannte zwischen zwei Haltepunkte eine Schnur und nahm sie als – auch sprichwörtlich gewordene – **»Richtschnur«,** an der entlang man mit speziellen Beilen das Holz bearbeitete. Dabei bestand freilich die Gefahr, die Schnur zu zerhauen. Die einfache und geniale Lösung: die Schnur durch ein Farbpulver, beispielsweise Rötel, ziehen, sie an den Haltepunkten befestigen und dann schnellen lassen. Das Ergebnis war eine schön gerade farbige Linie, an der entlang man das Beil führte. Bei Steinmetzen, Malern und anderen Handwerkern verwendete man ohne Frage dieses Hilfsmittel ebenfalls, weshalb es hier in diesem Zwischenkapitel steht.

Ob Holz oder Stein, es hatte immer fatale Folgen, wenn man **»über die Schnur haute«, »sich verhaute«,** denn das Werkstück war dadurch oft unrettbar verdorben. So verstand man die Redensarten spätestens im 13. Jahrhundert als »einen groben Fehler machen«. Und weil so gut wie alle Kulturen unerwünschtes Überschreiten von Grenzen mit dem Brechen von Regeln, Verletzen von Übereinkünften und Ignorieren des Gebotenen verbinden, bedeuteten sie dann bald auch »über das rechte Maß hinausgehen«, »übertreiben«, »zu weit gehen« und vieles mehr in der Art.

Wie stark das Baugewerbe das Denken der Menschen prägte, wie gut sie es kannten und also auch den Hintergrund der Redensarten, belegen viele Texte aus der Zeit um 1500, am schönsten die »Sarepta« des Johannes Mathesius von 1571, wo es heißt: »was das bleyscheid [das Senkblei] und rechte kirchenschnur unnd masz belanget, sollet jr wissen, das der propheten und apostel lere, unser richtschnur und bleywoge [Setzwaage für die Waagrechtenmessung] und rötelstein ist, darnach wir alle andere abrisz oder muster in der kirchen abmessen sollen, auff das wir bawleut nicht uber diese schnur hawen, oder den kirchenbaw nicht ungerad aufffüren ...«.

Nicht nur im Deutschen war die Redensart von der Schnur bekannt, sondern auch im Neulateinischen, Italienischen und Holländischen, wo sie eher »aufschneiden, großmäulig sein« bedeutete. Und bei uns gab es weitere Varianten wie **»über die Schnur trinken/fahren/treten«,** die sich nicht durchsetzten. Auf verhüllende Art verwendeten u. a. Sigmund von Birken oder Caspar von Lohenstein im 17. Jahrhundert **»über die**

Schnur hauen« in der Bedeutung »unerlaubten Sex haben« oder »den Ehepartner betrügen«.

PS: In sehr ähnlicher Bedeutung kennt man **»über die Stränge schlagen«,** das einen anderen Hintergrund hat. Es kommt von übermütigen Pferden her, die über die Riemen ihres Ledergeschirrs hinaus und also recht hoch ausschlagen.

Aus dem besten Holze geschnitzt

Zimmerei, Schreinerei, Tischlerei, Drechslerei

Wahrscheinlich gab es längst eine Holzzeit, ehe vor 2,5 Millionen Jahren die Altsteinzeit begann, denn das Material war leicht verfügbar und leichter zu bearbeiten. Wegen seiner geringeren Haltbarkeit fehlt es leider an Relikten.

Einen außergewöhnlichen Glücksfall stellt die Erhaltung 300 000, vielleicht sogar 400 000 Jahre alter Speere im niedersächsischen Schöningen dar. Ihre Qualität weist darauf hin, dass mindestens um diese Zeit schon hervorragende Handwerker tätig waren. Es bedarf schließlich großer Erfahrung und Geschicklichkeit, das richtige Holz auszuwählen, es lang genug und richtig trocknen zu lassen, es dann so zu bearbeiten, dass der Speer stabil, doch leicht und ausbalanciert ist sowie beste Flugeigenschaften besitzt. Athleten, die Nachbauten dieser uralten Jagdwaffen ausprobierten, kamen auf Wurfweiten von bis zu 70 Metern. Das ist etwa die Weite, welche Spitzensportlerinnen mit heutigen Hightech-Speeren erreichen.

Seit dieser frühen Meisterschaft hörten die Menschen nicht auf, mit Holz zu arbeiten, stellten Becher her, Wiegen, Tragegestelle, Schmuck, Kästchen, Palisaden, Spielsteine und -bretter, Musikinstrumente, Dielen, Tische, Bänke, Puppen, Masten, Statuen, Löffel und … und … und. Selbst Gott sah man als eine Art Drechsler oder Holzschnitzer an, wie man am Beispiel der heiligen Crescentia erfuhr und wie man in diesem Kapitel noch lesen wird. Man müsste also schon ein totaler Holzkopf sein, um die Handwerkssparten rund ums Holz nicht zu bewundern.

Vogelaugenahorn für Klaviere, Eibenäste für Langbögen, Ulmenstämme für Schiffsmasten, Olivenholz für Tischgeschirr, Buchsbaum für Druckstöcke von Holzstichen, Palisander für Schachfiguren – das sind nur sehr wenige Holzarten und Verwendungsmöglichkeiten eines Materials, das besonders deshalb zur Bearbeitung reizt, weil es ein natürliches ist, ein nachwachsendes, das als warm und angenehm empfunden wird, das auch verarbeitet noch Spuren seiner Lebendigkeit fühlen und erkennen lässt.

Genau das macht es auch sprachlich vielfältig verwendbar, unverarbeitet wie verarbeitet. Unser **»Stammbaum«** deutet auf unsere Nähe zu

Baum und Holz hin, und das **»Klopfen auf Holz«** als Abwehr des Bösen und Herbeiwünschen von Segen zeigt eine tiefe Verbundenheit, die bis zur Dendrophilie gehen kann, einer tiefen Liebe zu Bäumen, wie sie in der Antike bereits beschrieben wurde. Das Gegenteil geradezu wäre die sprichwörtliche **»Axt im Walde«,** womit grobe, steife Menschen beschrieben werden, deren Verhalten an das von groben Holzfällern erinnert. Ihre Umgangsformen beschreibt man als **»hölzern«,** womit sie Gliederpuppen ähneln, die gleichwohl höchst elegant geführt und ausgeführt werden können. Manche Marionette oder Holzpuppe schnitzt ein Meister mit so viel Liebe, dass sie zum Leben erweckt wird – zum Beispiel zu einem freien, frechen, abenteuerlustigen Pinocchio-Leben.

Der Fülle der Hölzer entspricht die Fülle der Handwerksarten und die Fülle der sprichwörtlichen Redewendungen sowie ihrer Anwendbarkeit – vom groben bis zum feinen Schliff, vom Zahnstocher bis zum Dachsparren, der hoffentlich nicht locker ist.

ein ungehobelter/rauer/ungeschliffener Kerl/Mensch sein, etwas den letzten Schliff geben

Bedeutung: ein unhöflicher, rücksichtsloser, grober Kerl/Mensch sein, etwas vervollkommnen

Hintergrund: Im Bereich der sprichwörtlichen Redensarten kann man sich selten auf absolute Bewertungsmaßstäbe verlassen. Gleichwohl gilt das Raue grundsätzlich als unangenehm, das Glatte als erstrebenswert. Der Prophet Jesaja charakterisiert dementsprechend die Macht des kommenden Messias mit den Worten »das Raue macht er glatt«, was dann im Neuen Testament Johannes der Täufer emphatisch zitiert.

Gleichwohl empfinden wir **»aalglatte Typen«** als unangenehm, weil sie nicht zu fassen sind. Ein rauer, ehrlicher Mensch ist uns da lieber. Im Bereich des holzverarbeitenden Gewerbes hat beides seine Berechtigung. Es kommt letztlich nur auf die Verwendung an, ob man sich mit Ungehobeltem begnügt oder Glätte benötigt.

In der Erziehung und der Ausbildung ist die Sache klar. Hier versteht man die Redensart vom Schleifen als ein In-Form-Bringen. So wie in der Vorstellung des Volkes junge Bären von ihrer Mutter erst in Form geleckt wurden, so mussten junge, ungehobelte Leute von Erfahrenen erst einmal tüchtig »geschliffen« werden. Nicht nur bei der Bundeswehr, wo überstrenge Ausbilder **»üble Schleifer«** genannt werden, bezeichnet man den Vorgang so, sondern auch und besonders im Handwerk.

Dabei ging man recht handfest zur Sache und nahm das Schleifen von Menschen fast wörtlich, so im Rahmen derber Aufnahmerituale, die man allgemein »hänseln« oder im Druckergewerbe »gautschen« nannte. Hier kamen neben unangenehmen Waschprozeduren und Prüfungen auch hölzerne Schabwerkzeuge als überdimensionierte Rasiermesser zum Einsatz, mit denen die Rauigkeiten der früheren Existenz abgeschliffen wurden. Auch Studenten orientierten sich an solchen Ritualen; eine Illustration von 1713 zeigt, wie einer von ihnen gehobelt wird, um der Hohen Schule würdig zu werden.

Spätestens um diese Zeit bezeichnen **»ungeschliffen«** und **»ungehobelt«** dann außer Handwerksburschen und Studenten, welche die Aufnahmezeremonie noch nicht hinter sich gebracht haben, überhaupt unerzogene Menschen, denen mehr fehlt als der ebenfalls sprichwörtliche **»letzte Schliff«.** Dieser kommt nicht allein von der Edelsteinschleiferei her, wie manchmal zu lesen ist. Die Drechsler und Schreiner bzw. Tischler, deren Tätigkeit deutlich alltäglicher war, sprachen genauso vom »letzten Schliff« als dem abschließenden Arbeitsschritt, der dem Produkt Perfektion verlieh, Glätte und einen feinen Glanz.

jemanden hänseln

Bedeutung: jemanden aufziehen, necken, verspotten

Hintergrund: Die Redensart gehört zu den Bräuchen, die gerade eben beschrieben wurden. »Hänseln« hieß ursprünglich bloß »jemanden hansisch machen«, und tatsächlich hat das Wort mit der deutschen Hanse und der Lufthansa zu tun. Es geht um die Bezeichnung einer Gruppe oder Gilde nach dem alten gotischen Wort *hansa* für »Menge« und »Schar«. Was Kaufmannsgilden und Handwerkervereinigungen mit Neulingen an unangenehmen Aufnahmeritualen anstellten, ehe sie Mitglied werden durften, hieß dann »hänseln«. Das übertrug man auf Neckereien und Spott aller Art.

jemandem den Hobel blasen können / Du kannst mir mal den Hobel ausblasen!

Bedeutung: derb verächtlicher Kraftausdruck / Hau ab! Lass mich in Ruhe! Das interessiert mich nicht!

Hintergrund: Es handelt sich, wie sich manche Leser und Leserinnen schon denken werden, um eine etwas weniger derbe Variante von **»Leck mich am Arsch!«** Bei dieser Wendung ging es ursprünglich um die fluchabwehrende Macht eines nackten Hinterns, den man jemandem entgegenstreckte.

Seit dem 18. Jahrhundert spätestens entstanden immer mehr Varianten, so Verkürzungen wie **»Ja, leckst mi!«** oder **»Du kannst mich mal ...!«** Auch Ersetzungen kamen vor, unter denen die mit dem Hobel bis heute beliebt ist. Dessen Wangen ähneln mit ein wenig Fantasie den Pobacken. Und beim Hobeln bläst man regelmäßig die Holzspäne weg. Die Ersetzungen von »Arsch« durch »Hobel« und »lecken« durch »blasen« bewirken nicht nur eine Reduktion an Derbheit, sondern bringen auch noch eine heitere Note in die Redensart.

..., dass die Späne fliegen

Bedeutung: sehr intensiv / sehr grob

Hintergrund: Man sieht bei der Redensart geradezu bildlich die Tischler vor sich, wie sie hobeln, dass die Späne in hohen Bogen durch die Werkstatt fliegen. Dazu muss man schon viel Kraft, Geschick, Erfahrung und Schwung haben. Freilich darf man so nur zu Beginn arbeiten, wenn es noch nicht auf Feinheiten ankommt. Das erklärt, warum die Redensart, die meistens in Verbindung mit Verben wie »schuften«, »arbeiten« etc. verbunden wird, einerseits das sehr intensive, andererseits das grobe Vorgehen bezeichnen kann – je nach Ton und Situation.

Das bekannte Sprichwort **»Wo gehobelt wird, da fallen Späne«** gehört in dieselbe Sphäre und ist ebenso zweideutig. Mal bedeutet es Trost, mal Aufmunterung, mal geht es um die unvermeidbare Entstehung von Abfall. Die letzte Bedeutung leuchtet ein, erst recht dem Stift, der alle Späne zusammenkehren muss. In den anderen Fällen stehen die Späne für lästige, aber notwendige Begleiterscheinungen, die man einfach akzeptieren muss, wenn man etwas Gutes, Schönes oder Sinnvolles produzieren möchte. Abschätzig wird das Sprichwort dort, wo es sarkastisch Komplikationen, Nebenwirkungen und üble Folgen als unumgänglich entschuldigt, beispielsweise in der Medizin.

Bis in die Neuzeit gab es auch eine Variante als Beschreibung schlechter Arbeit: **»Der Stümper macht die meisten Späne.«**

hanebüchener Unsinn sein

Bedeutung: grober Unsinn sein

Hintergrund: Früher machten Drechsler, Holzschnitzer und Wagner aus fast jedem Holz etwas. Jedes hatte ja seine spezifischen Qualitäten. Das Holz der Hainbuche oder Hagebuche ist besonders hart und schwerer als Eichenholz. Das machte es geeignet für allerlei Werkzeugteile wie Hobelsohlen, Zahnräder oder Segmente von Rädern. Der Vorteil brachte auch einen Nachteil mit sich: Das Holz war schwer zu bearbeiten.

Im Mittelhochdeutschen verwendeten Handwerker das Wort »*hagenbüechîn*«, das einfach »aus dem Holz der Hagebuche« bedeutete. Wegen der Härte und Dichtigkeit des Holzes bekam das Adjektiv den Nebensinn »derb« oder »grob«, was sprichwörtlich wurde.

So nannte man im 18. Jahrhundert einen groben Mann auch einen »haynbüchenen Kerl«, einen derben Unsinn einen **»hanebüchenen Unsinn«.** Das wurde in dieser Kombination sprichwörtlich und so oft verwendet, dass spätestens um 1800 »hanebüchen« allein die Bedeutung »unsinnig«, »widersinnig« bekam.

aus einem anderen/gleichen/harten Holz geschnitzt sein; aus dem Holz sein, aus dem man … macht

Bedeutung: ein anderes / das gleiche / ein hartes o. ä. Wesen haben; die Eigenschaften/Fähigkeiten für eine bestimmte Aufgabe, ein Amt, eine Funktion haben

Hintergrund: Besonders schön und vielfältig widmet sich Reinhard Mey der Redensart, und zwar in dem Titellied seines Albums »Ich bin aus jenem Holze geschnitzt« aus dem Jahr 1971. Er singt davon, dass er viel zu knorrig für Kuckucksuhren sei, nicht nobel genug für Schachfiguren, wie froh er sei, dass kein Galgen aus ihm wurde, aber für Fässer oder Kinderreifen oder Holzschuhe sei sein Holz schon geeignet.

Noch viele weitere Gebrauchsmöglichkeiten kommen in dem anrührenden Lied vor, das ganz nebenbei ein Loblied auf alle holzverarbeitenden Handwerker und Handwerkerinnen ist, die genau wissen, welches Holz für welchen Gegenstand geeignet ist. Es steckt gleichsam in dem Holz schon drin, was aus ihm werden kann. Wie übers Holz spricht man zuweilen über Menschen. Aus Holz schnitzte man Skulpturen, Marionetten, Puppen aller Art, was wiederum an die Formung des Menschen durch Gott erinnert.

Und weil man schon seit mehr als tausend Jahren nicht nur die Bäume als beseelt ansah, sondern auch ihr Holz geprägt von ihrem Charakter und ihrer Art, konnte man das Wesen eines Menschen auf Holzarten beziehen, aus denen er geschnitzt sei. Dabei stand hartes Holz für innere Stärke und Stabilität, gleiches Holz für Ähnlichkeit, anderes Holz für Unähnlichkeit. Und bringt man ideale Voraussetzungen für etwas mit, dann heißt es eben, man sei aus dem Holz, aus dem man beispielsweise Heldinnen oder Marathonläuferinnen schnitzt – also in dem Sinn, dass man aus ihnen wegen ihrer hervorragenden Anlagen so etwas erschaffen kann.

astrein sein

Bedeutung: Etwas ist sauber, korrekt, beanstandungsfrei, sehr gut.

Hintergrund: Wann genau der vieldeutige Ausdruck sprichwörtlich wurde, ist nicht zu sagen, aber sicher versteht man ihn seit ungefähr 60 bis 70 Jahren auch außerhalb von Forstwirtschaft, Drechsler- und Tischlerwerkstatt im übertragenen Sinn.

Ob es um Holz für Parkett geht oder für Möbel – meist wird man das teure Stamm- oder Schaftholz dafür wählen, in dem keine Astansätze stören. Diese behindern die Holzbearbeitung, weil die Faserrichtung sich ändert und weil das Holz dort oft härter ist. Für die meisten beeinträchtigen sie zudem die Makellosigkeit der Oberflächenerscheinung, und schließlich kann es geschehen, dass beim Schrumpfungsprozess des Holzes der Astansatz herausfällt. Wer will schon ein Astloch in den Dielen?

Die fachliche Qualitätsbezeichnung **»astrein«** aus dem Forstwesen und dem Handwerk entwickelte sich – vielleicht über die Jugend- und Mediensprache – spätestens in den Sechzigern des vorigen Jahrhunderts zur Redensart. Als Einschub signalisiert sie Zustimmung (»Astrein, Kumpel!«), als Eigenschaftsbeschreibung bezeichnet sie etwas Bewundernswertes, Sauberes, Korrektes, egal, ob jemand »astreines Französisch spricht« oder den Gegner »astrein vom Ball trennt«.

etwas die Krone aufsetzen

Bedeutung: an Unverschämtheit nicht zu überbieten sein

Hintergrund: Ob hier wirklich an das Ritual zu denken ist, nach Fertigstellung des Dachstuhls das Richtfest zu feiern mit einer schönen geflochtenen Bekrönung des Hauses? Die Richtkrone signalisierte den Abschluss der wichtigsten Bauabschnitte.

Freilich stehen »krönen« und »Krönung« schon lange für Vollendung und positiven Abschluss von etwas, dazu für etwas Absolutes, ob etwas **»von Erfolg gekrönt« ist** oder ob man den Menschen als **»die Krone der Schöpfung«** beschreibt. Ironisch sagte man dann auch **»der Unverschämtheit die Krone aufsetzen«,** was bald verkürzt wurde.

unter Dach und Fach bringen, jemandem aufs Dach steigen

Bedeutung: glücklich zum Abschluss bringen, jemanden zurecht- oder in die Schranken weisen

Hintergrund: Kein Ort, der sich »romantisch« nennt, kommt ohne Fachwerk aus. Diese Bauweise hat es zu sprichwörtlichen Ehren gebracht. Die Wände der Häuser bestehen u. a. aus Ständern, Streben und Pfetten, welche die Gefache umfassen. Jedes einzelne Fach ist mit einem Gemisch aus Lehm, Zweiggeflecht und Stroh gefüllt, ganz **»fachgerecht«.** »Fach« konnte auch ein Handwerk beschreiben, im Sinne eines Gebiets in der Menge der Gewerke. Ein Zimmermann, der ein Fachwerkhaus perfekt erbaut, ist so mit Fug und Recht und im Doppelsinn ein Meister seines Fachs zu nennen.

Alle Gefache zusammen bilden das Fachwerk, kurz »Fach«. Diese Hauswände und das Dach boten über viele Jahrhunderte Rechtssicherheit. Wer dennoch an einen Verdächtigen heranwollte, brauchte vom Richter eine Erlaubnis, **»aufs Dach zu steigen«.** Damit durften Schergen ein Hausdach legal abdecken und den Beschuldigten herausholen. Freilich geschah das Aufs-Dach-Steigen häufiger noch bei Männern, die von ihren Frauen geschlagen worden waren. Die Dorfbewohner stiegen so einem »Schwächling« aufs Dach und deckten es ab.

Übrigens: Dach und Fach sind auch Grenzen, und sie stehen außerdem für den Abschluss des Baus. So heißt **»Das ist unter Dach und Fach«** nichts anderes als »Das ist glücklich abgeschlossen/erledigt«.

ein Dünnbrettbohrer sein; das Brett bohren, wo es am dünnsten ist, etc.

Bedeutung: sich keine Arbeit machen wollen, bequem sein, ohne große Fähigkeiten

Hintergrund: Schon Martin Luther machte sich über Leute lustig, die ungern dicke Bretter bohren. Zu seiner Zeit gehörte diese anstrengende Tätigkeit zu den üblichen Aufgaben von Tischler und Zimmermann, beispielsweise um zwei Hölzer durch Verzapfungen zu verbinden. Wer sich die dünnste Stelle eines Bretts aussuchte, zeigte sich ebenso bequem wie unfähig, da dort weniger Halt zu erzielen war.

In manchen Gegenden findet sich bis heute das **»Bohren dicker Bretter«** als Lob für Leute, die schwere Arbeit nicht scheuen, so **»Der kann Hartholz bohren!«** oder im Schwäbischen **»Der kann Brettle bohren!«.** Die Übertragung auf ganz andere Bereiche wie die Bewältigung geistiger Aufgaben bot sich an. Sie zeigt sich besonders schön im spöttischen Titel einer Publikation aus dem Jahr 1984, der lautet: »Dünnbrettbohrer in Bonn. Aus den Dissertationen unserer Elite«.

Holzauge, sei wachsam!

Bedeutung: oft ironische Aufforderung, sehr gut aufzupassen / besonders vorsichtig zu sein

Hintergrund: Unter Tischlern und Drechslern leitet man die Redensart her, indem man auf das härtere Holz mit anderem Faserlauf beim Holzauge (dem Astloch oder Astmal) verweist. Gerade Auszubildende muss man beim Hobeln oder Drehen auf Holzaugen warnend hinweisen, damit ihnen kein grober Schnitzer unterläuft oder sie sich gar selbst verletzen. Diese Erklärung, die man auch in Büchern oder im Internet findet, ist freilich wenig wahrscheinlich, auch wenn sie sprachlich und sachlich überzeugend klingen mag.

Eine weitere verbreitete Deutung kann man beispielsweise auf Burg Harburg in Schwaben von Gästeführern hören. Dort erklärt man die Redensart mit Hinweis auf runde Schießscharten, in die drehbare Holzkugeln eingefügt sind. Sie haben ein Loch, durch das man lugen und schießen konnte. Ähnliches liest und hört man über andere Burgen, die Tore mit Klappen oder Löcher zum ungefährlichen Betrachten des Äußeren haben – all das könne man als eine Art von »Holzaugen« verstehen. Schießschartenkugeln und »Tor-Spione« gibt es zweifellos, aber die Redensart ist nicht vor dem 20. Jahrhundert belegt, schon gar nicht im Mittelalter. Selbst das Wort »Holzauge« ist vor 1809 nicht zu finden.

Natürlich nutzte man Löcher in Holzwänden, Türen und Zäunen zum sicheren oder unauffälligen Beobachten. Es lässt sich sogar schriftlich belegen, dass Astlöcher dafür üblich waren, nämlich bei Friedrich Schiller in seinem Drama »Kabale und Liebe« von 1784. In der ersten Szene des ersten Akts heißt es recht drastisch, selbst genaueste Beobachtung durch die Mutter könne den Fehltritt der Tochter nicht verhindern: »Gib du acht! Gib du acht! Und wenn du aus jedem Astloch ein Auge strecktest und vor jedem Blutstropfen Schildwache ständest, er wird sie, dir auf der Nase, beschwatzen, dem Mädel eins hinsetzen und führt sich ab, und das Mädel ist verschimpfiert auf ihr Leben lang, bleibt sitzen, oder hats Handwerk verschmeckt, treibts fort.« Ähnliche literarische Erwähnungen und allerlei Karikaturen, die heimlich und neugierig durch Astlöcher lugende Menschen zeigen, kommen hinzu.

Das könnte die Redensart beeinflusst haben, ist sie auch wohl erst kurz vor dem Zweiten Weltkrieg in Soldatenkreisen aufgekommen. Besonders häufig hörte man sie beim Kartenspielen, wobei eine Geste sie häufig begleitete: Wer damit zur Wachsamkeit mahnte, zog sich ein unteres Augenlid herunter, wodurch das angebliche Holzauge scheinbar mehr sah.

Dem lag wohl der Umstand zugrunde, dass in der Zeit nach dem Ersten Weltkrieg hunderttausendfach Kriegsversehrte mit Holzprothesen aller Art in Deutschland unterwegs waren. Auf diese bezog man womöglich den alten Tischlerbegriff »Holzauge«, und zwar so, als bezeichne er eine Art Augenprothese aus Holz. Selbst mit dieser sollte man gemäß der Redensart aufmerksam sein, also ganz besonders vorsichtig.

eine gedrechselte Sprache verwenden

Bedeutung: eine komplizierte/kunstvolle Sprache verwenden

Hintergrund: Mithilfe der Drehbank fertigt ein Drechsler sowohl sehr einfache als auch fein geformte Werkstücke aus Holz oder anderen Materialien. Man kann damit sogar Geisterkatzen die Krallen ziehen, so im Grimm'schen Märchen »Von einem, der auszog, das Fürchten zu lernen«.

Das uralte Handwerk der Drechsler erlebte mehrmals einschneidende technische Neuerungen, die es ermöglichten, immer komplexere Formen zu drehen. Sogar in höchsten Kreisen beurteilte man die Tätigkeit als pädagogisch wertvoll. Europas Adlige, ob August der Starke, Zar Peter der Große oder das ganze Haus Wittelsbach, wetteiferten seit spätestens dem 17. Jahrhundert darum, die schönsten Drechslerarbeiten herzustellen und mit Gästen zu tauschen. Gott selbst galt dabei als Vorbild. Er sei nicht nur der erste Töpfer gewesen, der aus Lehm Menschen formte, sondern auch der erste Drechsler, der die Erdkugel auf diese Weise geschaffen habe.

Ebenmäßige Kugeln herzustellen, das gehörte zu den Prüfungen für junge Drechsler; eine Kugel in einer Hohlkugel, das war schon eine Art Meisterstück. Alte Sprichwörter weisen auf die Grenzen dieser Handwerkskunst hin, so **»Das Wetter lässt sich nicht drechseln«.**

Aber die Drechsler wetteiferten darum, immer noch kompliziertere Objekte herzustellen. Das schadete im Lauf der Zeit ihrem Ruf. »Gedrechselt« wurde zunehmend zu einer Bezeichnung für das Seltsame, Verspielte, unnötig Komplizierte. Ab Mitte des 18. Jahrhunderts wendete man es dann besonders auf lächerlich oder ärgerlich umständliche Sprache an.

Ein lustiges Drechslersprichwort noch zum Schluss, in dem es um eine spezielle Drehbank geht: **»Er ist ein geschickter Drechsler, kann gute Nasen drehen.«**

aus dem Leim gehen

Bedeutung: entzweigehen, auseinanderfallen, dick werden, die Form verlieren

Hintergrund: Für Möbeltischlerinnen oder Schreiner ist es schon beim Gesellenstück Ehrensache, alles ohne Leim herzustellen, nämlich mit exakt geformten Holzverbindungen wie Schwalbenschwanzzinkungen oder Steg-Keil-Verbindungen. Gleichwohl spielt der Leim – eine alte Bezeichnung für Klebstoffe aller Art – eine wichtige Rolle in diesem holzverarbeitenden Handwerk. Damit er dauerhaft verbinden kann, muss man den passenden Leim aussuchen, die Teile exakt vorbereiten und sie mit dem richtigen Druck genügend lange gegeneinanderpressen. Die angemessene Menge an Leim muss es auch sein. Wie heißt es im Sprichwort? **»Zu viel Leim hält nicht, und mit zu vielen Worten richtet man**

nichts aus.« Hat man schlecht geleimt oder nagt der Zahn der Zeit zu lang schon am Möbelstück, so **»geht es aus dem Leim«.** Wegen der nachlassenden Bindekraft des Klebstoffs verzieht es sich erst und fällt schließlich sogar auseinander.

Die altehrwürdige Redensart vom Aus-dem-Leim-Gehen verwendete man vor gut dreihundert Jahren schon für allerlei, das auseinanderfiel oder seine angestammte Form und Ordnung verlor. So bezog man sie sogar auf die Miene eines Menschen. Um 1800 hieß es in Oberösterreich: **»Jetzt geht mir's G'sicht aus'm Leim«,** womit man sagen wollte, dass etwas einen bis zum Entgleisen der Gesichtszüge aufregte.

Heute hört man die Redensart häufig als Beschreibung für Leute, die überraschend dick geworden sind und damit gleichsam ihre gewohnte Form verloren haben.

PS: Wenn Sie sich fragen sollten, woher **»auf den Leim gehen«** kommt: von der Vogeljagd mit Leimruten. **»Blödsinn verzapfen«** mit der Bedeutung »Unsinn erzählen« gehört ebenfalls nicht zu den Handwerksredensarten. Es bezieht sich auf den Zapfhahn von Fässern und anderen Behältnissen. »Verzapfen« bedeutet in diesem Zusammenhang so viel wie »ausschenken«.

den Rahmen sprengen, aus dem Rahmen fallen, nicht in den Rahmen passen / im Rahmen bleiben

Bedeutung: einen vorgegebenen Bereich überschreiten, positiv oder negativ über das Übliche hinausgehen, zum Üblichen nicht passen / das Gebotene, Übliche nicht überschreiten

Hintergrund: Das Wort »*râm*« bezeichnete im Mittelhochdeutschen Einfassungen aller Art. »Rahmen« hießen dann ab dem hohen Mittelalter hölzerne Elemente des Bauwesens, zwei Stützen zum Beispiel, die mit einem Querbalken verbunden waren. Egal, ob sie nun verzapft oder verzargt waren, sie sollten eine feste Einfassung oder ein stabiles Gerüst bilden, das oft Maße und Begrenzungen von etwas bestimmte. Der Türrahmen legte beispielsweise die Größe des Türblatts fest. Rahmen spielten im Tischlerhandwerk, bei den Webern und bei den Druckern eine wichtige Rolle.

Das Begrenzende des Rahmens passt ausgezeichnet zu allem, was mit Normen und Geboten zu tun hat und mit dem Erwartbaren. Was **»nicht**

in den Rahmen passt«, ist also unschicklich, was **»aus dem Rahmen fällt«** kann dagegen auch überraschend Gutes charakterisieren. Es geht jedenfalls nicht darum, wie manche meinen, dass ein Bild, ein Spiegel, eine Tür aus ihrem Rahmen fallen.

Zu erklären bleibt das Verb »sprengen«, das durchaus mit »explodieren« zu tun hat. Im Zusammenhang mit der Redensart bezieht es sich auf das ursprüngliche Bild einer Holzkonstruktion. In Tischlerkreisen bezeichnet »sprengen« das Aufbrechen von Holzverbindungen. Die Redensart beschreibt also das Aufbrechen des Gebotenen.

jemandem zeigen, wo der Zimmermann/Schreiner/Maurer das Loch gelassen hat

Bedeutung: jemanden hinauswerfen

Hintergrund: Es gibt die etwas angestaubte Redensart auch in Form einer Frage: **»Du weißt schon, wo der Zimmermann/Schreiner/Maurer das Loch gelassen hat?«** Das kann eine letzte Warnung sein, ein Ruf zur Ordnung, ehe man jemanden hinauswirft. Interessanterweise verstehen alle sofort, dass die Tür damit gemeint ist, obwohl auch für die Fenster Aussparungen nötig sind. So frech, dass er aus dem Fenster befördert würde, ist freilich kaum jemand. Am 23. Mai 1618 kam es gleichwohl vor: bei der legendären Defenestration aus der Prager Burg. Protestantische Ständevertreter stießen beim sogenannten Zweiten Prager Fenstersturz die königlichen Statthalter samt Kanzleisekretär aus dem Fenster – und lösten damit den Dreißigjährigen Krieg aus.

Jeder ist seines Glückes Schmied

Metallverarbeitung: Grob-, Huf-, Goldschmiede, Schweißerei, Gießerei

Selbst unter den Göttern des Olymps gibt es einen Handwerker: den Schmied Hephaistos. Die sagenhafte Rüstung des Achill entstammt seiner Werkstatt, er schuf unzerreißbare Ketten, um den Titan Prometheus an den Kaukasus zu schmieden, er stellte die Donnerkeile des Zeus her. Sein wundersamstes Werk war aber sicherlich Pandora: weit mehr als ein Roboter in Frauengestalt, eher eine Art Androidin. Manche Mythen berichten, er sei hässlich gewesen, andere, er habe verkrüppelte Beine besessen. Obwohl er Gemahl der Liebesgöttin Aphrodite war, habe man ihn verspottet. Als sie ihn mit dem Kriegsgott Ares betrog, fing er beide in einem unsichtbaren, unzerstörbaren Netz, das er um sein Ehebett angebracht hatte, und setzte die nackten, in flagranti ertappten Gefangenen dem Hohn der anderen Olympier aus. Deren *asbestos gélos*, wörtlich »unauslöschliches Gelächter«, wurde seit etwa dem 18. Jahrhundert als **»homerisches Gelächter«** sprichwörtlich.

Der legendäre Handwerker und Künstler brachte sterblichen Kollegen viele Kniffe und Methoden des Schmiedens und der Weiterverarbeitung von Rohlingen bei, sodass er sowohl bei den Schmieden aller Sparten in höchsten Ehren stand als auch bei den Feinmechanikern. Oft betätigte er sich auch als Juwelier oder errichtete Paläste für die Götter. Man ehrte ihn mit den Beinamen *clytotechnes* und *polytechnes*, was »für seine Fertigkeiten Berühmter« und »der viele Fertigkeiten Beherrschende« heißt; in beiden Ausdrücken steckt das Grundwort für unser Wort »Technik«.

Der Gott Vulkan war sein römisches Pendant, und sein Name verrät schon, wo man sich die gewaltige Esse dieses überirdischen Schmieds vorstellte: im Ätna zum Beispiel. Eine Mischung aus den griechisch-römischen Schmiedegöttern und dem menschlichen Erfindergenie Dädalus stellt in germanischen Mythen Wieland der Schmied dar. Er ist lahm wie Hephaistos, listen- und erfindungsreich wie Dädalus und fähig, das schärfste Schwert aller Zeiten zu schaffen – Mimung.

Eine mythische, reizvolle und unheimliche Aura umgab die zugleich dunklen und feurigen Schmieden, die schon deshalb sprichwörtlich wurden – und genauso ihre wichtigsten Werkzeuge wie Hammer, Zange und Amboss.

Jeder ist seines Glückes Schmied.

Bedeutung: Das Schicksal liegt in der eigenen Hand.

Hintergrund: Das berühmte, oft aufmunternd oder zurechtweisend verwendete Sprichwort entstammt der römischen Antike. Die Sallust zugeschriebene Schrift »De re publica ordinanda« führt es als Zitat an. Appius Claudius, der 307 v. Chr. Konsul war, habe gesagt *fabrum esse suae quemque fortunae,* was wörtlich übersetzt heißt »Handwerker/Schmied sei jeder seines Glücks«.

Seine Bekanntheit bis heute verdankt der Satz einer wichtigen Umkehrung: Nicht mehr das Schicksal, die Götter oder wen auch immer machte man für Lage und Leben verantwortlich, sondern den Menschen selbst. Man könnte auch sagen: »Schluss mit Fatalismus, streng dich an!«

Wer durch äußere Verhältnisse, körperliche oder geistige Beeinträchtigungen sich an vielem gehindert sieht, dem wird der Satz vor allem zynisch erscheinen. Tatsächlich gebrauchten ihn immer wieder Privilegierte, Mächtige und Arrogante in dieser Weise.

In der Antike gab es manche Varianten. Bei Plautus findet man *sapiens ipse fingit fortunam sibi,* also »Der Weise schmiedet sich sein Schicksal selbst«, und Cornelius Nepos erwähnt einen Vers, in dem es heißt *Sui cuique mores fingunt fortunam hominibus.* Auf Deutsch: »Die eigenen Eigenarten formen den Menschen das Schicksal.«

Eine weitere Variante findet man bei Goethe, der seinen aufbegehrenden Titelhelden der Ode »Prometheus« diese Frage an Göttervater Zeus stellen lässt: »Hat nicht mich zum Manne geschmiedet / Die allmächtige Zeit / Und das ewige Schicksal / Meine Herren und deine?« Hier stehen Zeit und Schicksal als die mächtigsten Schmiede über Mensch und Gott.

In jedem Fall ist es klug, das Sprichwort als Ermunterung zu verstehen, im Rahmen des Möglichen an sich selbst zu arbeiten und sich nicht mit dem Gegebenen zufriedenzugeben.

alles für die Katz

Bedeutung: alles vergeblich, nutzlos

Hintergrund: Im Harz lebte einst ein Schmied mit starken Armen und einem weichen Herzen. Er hatte den Pfarrer sagen hören, man solle nicht so sehr nach Geld gieren, vielmehr alle Menschen brüderlich behandeln. So beschloss der Schmied, für seine Arbeit nur noch das zu nehmen, was ihm die Leute freiwillig gaben. Gesagt, getan. Als er einem Bauern das Pferd beschlagen hatte, sagte der Schmied: »Wir sind Brüder in Christo, und so will ich von Euch nur das, was Ihr mir freiwillig gebt.« Da gab ihm der Bauer ein herzliches Dankeschön und ging. Mehr bekam der Schmied auch an den Folgetagen nicht. Weil sein Verstand weniger stark war als seine Arme, dachte er: »Wenn die Leute mir nur ihren Dank geben, so ist er vielleicht besonders wertvoll. Das will ich überprüfen.« Der Schmied nahm seine Katze und band sie in seiner Werkstatt an einen Pfosten. Wann immer jemand mit einem »Danke schön!« bezahlt hatte, sagte der Schmied: »Katz, das ist für dich.« Sonst bekam sie nichts. Bald verhungerte sie, und der Schmied sagte sich: »Ich kann so nicht weitermachen, sonst geht es mir wie der Katze.«

Diese Schmied-Geschichte schrieb vor fünfhundert Jahren der Autor, Zinngießer und Prediger Burkhard Waldis auf. Viele erzählten sie weiter und beförderten so die Bekanntheit der Redensart **»Das ist für die Katz!«,** weshalb man sie oft sogar darauf zurückführt. Sie ist freilich noch älter und bezieht sich darauf, dass Katzen früher nur das zu essen bekamen, was für die Menschen wertlos war.

Pläne/Verse/(veraltet:) Ränke schmieden

Bedeutung: Pläne/Verse machen, Böses/Intrigen planen

Hintergrund: In Deutschland gehört das Schmieden seit mehr als tausend Jahren zu den besonders bekannten und alltäglichen Schöpfungsprozessen, weshalb man es bildlich und immer wieder auch ironisch verwendet für das Wort »herstellen« – so bei **»Verse schmieden«.** Eine gewisse Betonung der Schwierigkeit oder Intensität schwingt dabei mit.

Die vor allem noch in älteren Texten zu findende Redensart **»Ränke schmieden«** versteht man nur, wenn man an das alte Wort »Rank« für »Kurve«, »Wegkrümmung« und »Biegung« denkt. Wer **»jemandem den Rang abläuft«,** der kürzt beim Wettrennen verbotenerweise eine Kurve ab. Daraus ergab sich die zusätzliche Bedeutung »Trick«, »Betrug«, »krumme Tour«. So entstanden die Redensart vom Ränkeschmieden und der gar nicht zunftgemäße Ränkeschmied.

eine Kader-/Talentschmiede

Bedeutung: eine Einrichtung, die Eliten für besondere Aufgaben hervorbringt

Hintergrund: Das Schmieden von Menschen wurde bereits erwähnt. Aus dem ethischen und religiösen Bereich wanderte es auch in den politischen oder sportlichen. Dort geht es wieder um das Schmieden als Wort für »Herstellung« im Allgemeinen; im Speziellen deutet das Wort zudem Planmäßigkeit und eine gewisse Härte an.

Der Begriff »Kader« bürgerte sich in Deutschland vor allem über das sozialistische System und sein Fachvokabular ein. Sonst kam es bloß in der Militärsprache des 19. Jahrhunderts vor. Es leitet sich von dem französischen *cadre* her, das erst »Quadrat«, »Viereck« und dann auch »Rahmen« bezeichnete. Im Militär benannte man damit den »Truppenstamm« und vor allem einen planvoll ausgebildeten Kreis von Personen für besondere Aufgaben. In diesem Sinn war das Wort in der UdSSR gebräuchlich und wurde von dort in der DDR übernommen.

»Kader« meinte dabei die Gruppe sowie die Angehörigen solch speziell herangebildeter Eliten für die politische, aber auch fachliche Arbeit. Den Übergang in den Westen erleichterte der häufige Gebrauch im Bereich des Sports, wo man auch die Variante **»Talentschmiede«** entwickelte. Heute findet man den Begriff »Kader« vor allem als Bezeichnung für Sportler, die für einen Wettkampf zusammengestellt werden.

vor die rechte Schmiede gehen/kommen, zum Schmied und nicht zum Schmiedchen gehen

Bedeutung: sich an die richtige/fähige/zuständige Person wenden

Hintergrund: Wie unglaublich viele Schmiede es gab, belegt schon die Fülle der Menschen, die Schmid, Schmied, Schmidt, Schmitt, Kleinschmidt, Messerschmidt usw. heißen. Neben Müller ist es der häufigste Nachname in Deutschland.

Selbst in kleinen Orten gab es zwei oder drei Schmiede und oft auch Spezialisierung und Hierarchien unter ihnen. Wenn ein Pferd beschlagen werden musste, ging man besser nicht zum Kupferschmied; wer Schwerlasthaken benötigte, bestellte sie beim Grob-, nicht beim Feinschmied. Und natürlich wählte man durchweg den Schmied mit den besten Fähigkeiten und der meisten Erfahrung aus.

So machte die Vielzahl der Schmiede einerseits und die Alltäglichkeit der Besuche bei ihnen andererseits sie zum idealen Sprachbild für alle möglichen Alternativen und für die Wahl der richtigen. Dass die Verkleinerungsform »Schmiedchen« den unerfahrenen, schwächeren und weniger fähigen Schmied bezeichnet, versteht sich. In Holland heißt es übrigens genauso: *Het is beter, tot dem smid te gaan dan tot het smeedje.*

Sehr alt ist die ironische Verwendung der Redensarten, wenn man mit ihnen eine ganz falsche Wahl bespöttelt und mit entsprechendem Unterton sagt: **»Da bist du vor die rechte Schmiede gekommen!«**

Nägel mit Köpfen machen

Bedeutung: etwas richtig anfangen, konsequent und perfekt durchführen, zu einem richtigen Abschluss bringen

Hintergrund: Der Beruf des Nagelschmieds war jahrhundertelang hoch geachtet. Er stellte winzige, so gut wie kopflose Stifte her, aber auch schwere, großkopfige Exemplare, die Schiffswände zusammenhalten mussten oder dicke Bohlen für Hauswände.

Bei der Herstellung von Baunägeln stand am Ende das Schmieden des Kopfes, und es verlangte noch einmal besonderes Geschick, um sie gleichmäßig, in der gewünschten Form und ohne Risse an den Rändern zu gestalten. So waren kopflose Stifte Sache der Stifte oder Lehrlinge, Nägel mit Köpfen die der Gesellen und Meister.

Obwohl der Beruf spätestens seit dem 14. Jahrhundert in vielen Quellen zu finden ist, verbreitete sich die Redensart erst ab etwa 1700 und kam im 19. Jahrhundert zu größerer Beliebtheit. Das kann damit zusammenhängen, dass diese Zeit sich sehr für alte Traditionen im Allgemeinen und sprichwörtliche Redensarten im Besonderen begeisterte.

nagelneu/funkelnagelneu/nigelnagelneu

Bedeutung: unerhört neu, gänzlich ungebraucht

Hintergrund: Schon im 15. Jahrhundert bezeichnete man etwas, das soeben erst zusammengenagelt worden war, als **»nagelneu«.** Es steht in enger und nicht ganz geklärter Verbindung zu **»funkelnagelneu«,** das auch in der Form »funkelneu« bekannt war und ursprünglich frisch geschmiedete Nägel beschrieb, die vom Herstellungsprozess noch glänzten und funkelten. Wahrscheinlich beeinflusste der erste Ausdruck den zweiten. Ab etwa den 1970er-Jahren entwickelte sich dazu als scherzhafte Steigerung das Wort **»nigelnagelneu«,** welches in der Bildung ältere Doppelformen wie »zickzack«, »Schnickschnack«, »ratzfatz« oder »tipptopp« nachahmte.

alles, was nicht niet- und nagelfest ist

Bedeutung: so gut wie alles, dann auch alles bewegliche Gut, alles Wegtragbare, besonders alles, was sich zu stehlen lohnt

Hintergrund: Die eher umgangssprachliche Redensart beruht auf sehr alten, seit dem Mittelalter bekannten Rechtsgrundsätzen. Man unterschied alles, was die bewegliche Habe betraf, von dem, was fest war, gegründet und immobil: eben Immobilien. So hieß es: **»Zum Haus gehört, was Niet und Nagel begreift.«** Dabei bedeutet »begreift« so viel wie »fixiert« bzw. »in einen festen Zusammenhang bringt«. Wichtig war diese Unterscheidung etwa bei Pfändungen. Die Zusammenfügung durch Nägel ist dabei deutlich bekannter als die durch Nieten, also Metallteile, die mit verformbaren Köpfen flächige Bauteile verbinden.

Kein Wunder, dass man die Redensart auch benutzte, wenn Diebe oder Plünderer alles aus einem Haus gestohlen hatten, was lose war. Zunehmend verschob sich deshalb die Bedeutung der Redensart auf »so gut wie alles«.

KLEINE WARNUNG: DEN NAGEL AUF DEN KOPF TREFFEN, DIE NAGELPROBE MACHEN

Beide Redensarten haben weder mit dem Schmied noch mit Hammer und Eisennagel zu tun. Die erste stammt aus dem traditionellen Schießsport. Ab dem späten Mittelalter benutzte man einen mittig gesetzten Holznagel, den sogenannten Zweck, um Schießscheiben zu befestigen. Ihn galt es zu treffen. Das übertrug man auf treffende Bemerkungen.

Die zweite Redensart verdankt sich alten Trinksitten. Wer auf jemandes Gesundheit trank, sollte dabei das Glas gründlich leeren. Als Überprüfung drehte man das Glas über dem linken Daumen um. Was dann noch heraustropfte, durfte höchstens so viel sein, dass es auf den Daumennagel passte. Daraus entwickelte sich der Sinn »etwas gründlich überprüfen«.

ein Drahtzieher sein

Bedeutung: jemand sein, der unauffällig, unsichtbar oder heimlich etwas lenkt, einfädelt, organisiert

Hintergrund: Die Redensart ist meist mit negativen Bewertungen verbunden. So bezeichnet man jemanden, der politische Intrigen spinnt, oder den Kopf einer Bande gern als **»Drahtzieher«.**

Ursprünglich handelte es sich um ein ehrbares und anstrengendes Handwerk, das Drähte unterschiedlichster Dicke herstellte. Besonders die Wasserkraft ermöglichte in Drahtziehmühlen seit dem späten Mittelalter die rationelle Herstellung aus Metallstäben, die durch Locheisen in immer dünnere und längere Form gebracht wurden. Bei Silberstangen konnte der Drahtzieher den Durchmesser beispielsweise auf ein Neuntausendstel der ursprünglichen Dicke bringen.

In Deutschland begann spätestens im 17. Jahrhundert die spöttische Übertragung auf Bittsteller und vor allem Bettler, deren Hauptbeschäftigung es war, den Glockendraht an Haustüren zu ziehen.

In den USA und Kanada dagegen sprach man um 1800 schon vom Drahtzieher im Hintergrund, vor allem im politischen Geschäft, als *wire-puller* im Gegensatz zum Handwerker, der *wire-drawer* hieß. Die Redensart verdankt sich dem Marionettentheater, in dem die Figuren an Fäden oder Drähten geführt werden, ohne dass man die Spieler und ihre Hände sehen kann – wie ein geschickter Wahlkampfmanager seine Aktionen auch unbemerkt vollführt. *Like a puppet on a string* ist denn auch eine geläufige Redensart im Englischen für einen manipulierten oder willenlosen Menschen.

Die Wendung **»ein Drahtzieher sein«** gelangte im 19. Jahrhundert offensichtlich über deutschsprachige Zeitungen der USA und über die Briefe von Einwanderern in den deutschen Sprachraum, wo sie die alte Bedeutung »Bettler« für Drahtzieher bald verdrängte und bis heute vornehmlich politische, verbrecherische und andere Strippenzieher bezeichnet. Ein guter Nachweis dazu steht in der Nummer 274 des »Baltimore Wecker«: »Siebenmal von den Professionspolitikern betrogen, gilt den Deutschamerikanern nichts; sie lassen sich von den Drahtziehern siebenzigmal siebenmal anführen.«

wie aus einem Guss sein

Bedeutung: Etwas ist bewundernswert einheitlich, harmonisch, stimmig.

Hintergrund: Generationen von Schülern und Schülerinnen lernten spätestens seit dem großen Friedrich-Schiller-Jubiläum 1859 sein »Lied von der Glocke« auswendig, in dem Schritt für Schritt das Glockengießen beschrieben wird. In jener Zeit bestellte man Schiller-Bronze-Standbilder dutzendweise, denn selbst kleine Orte wollten damit am Ruhm des Gerühmten teilhaben.

Das altehrwürdige Handwerk des Metallgusses war deshalb in aller Munde, seine Herausforderungen und Leistungen allgemein bekannt. Schon bei kleineren, komplexen Aufträgen, erst recht bei einem größeren Denkmal goss man Einzelteile, die man dann zusammenschweißte. Sichtbare Schweißnähte beeinträchtigten freilich das Aussehen der gegossenen Objekte.

Bewundernswert war es deshalb, ein anspruchsvolles Werkstück **»in einem Guss«** zu gießen oder die Nähte so zu bearbeiten und zu kaschieren, dass es **»wie aus einem Guss«** aussah.

wie angegossen passen

Bedeutung: Etwas passt sehr gut, hat einen tadellosen Sitz.

Hintergrund: Beim Guss passt sich das flüssige Gießmaterial der Gießform sehr genau an. Das überträgt man auf enganliegende, den Körperformen bestens folgende Kleidungsstücke.

denken wie Goldschmieds Junge

Bedeutung: alles abtun, was einem geraten und gesagt wird in dem Sinn »Rutsch mir den Buckel runter!« und »Leck mich am Arsch!«

Hintergrund: Im Hochdeutschen kennt kaum noch jemand die Redensart, in der Umgangssprache und im Dialekt einiger Gegenden hört man sie aber noch immer. In einem Zeilenpaar Philander von Sittewalds (= J. M. Moscherosch) von 1645 heißt es: »Gar fein und lieblich redt die Zung, / Das Herz denkt wie des Goldschmieds Jung.«

Wer fragt, was des Goldschmieds Junge denn gedacht habe, dem antwortet man mit »Du kannst mich am Arsch lecken / mir den Hobel blasen etc.«. Wie dieses indirekte Götz-von-Berlichingen-Zitat entstanden ist? Aus einer Geschichte über einen ganz bestimmten frechen Goldschmiedelehrling? Aus Witzerzählungen? Einem Schwank? Man weiß es nicht. Eine freundlichere Variante erklärt: »Er denkt wie Goldschmieds Junge, wenn ich Gold hätte, macht ich Ringe.«

Eine Hypothese sei zur Erklärung gewagt, die naheliegend scheint. Der Goldschmied ist ja wegen seiner feinen Arbeit, seines feinen Werkstoffs und seiner feinen Waage sprichwörtlich geworden; da passte es, seinen noch gänzlich unerzogenen Lehrbuben als grobes Gegenbild zu setzen.

jedes Wort / alles auf die Goldwaage legen

Bedeutung: Gesagtes wortwörtlich, übergenau, zu kritisch nehmen

Hintergrund: Wer einmal historische Goldwaagen und ihre winzigen Gewichte gesehen hat, dem ist klar, wie fein diese mechanischen Instrumente arbeiteten. Das machte sie in der Antike schon sprichwörtlich, wie ein 2100 Jahre altes Zitat aus einem Fragment des Marcus Terentius Varro belegt: *unum quodque verbum statera auralia pendere,* also »ein jedes Wort auf der Goldwaage wiegen«.

Es ist eher unwahrscheinlich, dass es Martin Luther mit seiner Übersetzung von Sirach 28,29 war, der die Redensart bei uns heimisch werden ließ. Bei ihm heißt die Stelle: »Du wägest dein Gold und Silber ein; warum wägest du nicht auch deine Worte auf der Goldwaage?« Die Feinwaage war längst vorher bekannt und ähnliche Aufforderungen, seine Worte genau abzuwägen, zahlreich. Einen gewissen Einfluss wird Luther gleichwohl gehabt haben, zumal es in dem Abschnitt um Verleumder geht und die Formulierung sehr eingängig ist.

Häufig benutzt man die Redensart in Verneinungsform und als Aufforderung, die Worte anderer nicht übergenau zu nehmen.

eine Folie für etwas abgeben/sein, als Folie für etwas dienen, vor der Folie von etwas

Bedeutung: ein Kontrast für etwas sein, etwas besser erkennbar machen, vor etwas anderem besser erkennbar sein

Hintergrund: Die Redensart kommt in vielen Varianten vor und zumeist in der gehobenen Sprachsphäre der Kritik, der Kunst, aber auch der Wissenschaft oder der Politik. Im 18. Jahrhundert hatte sie noch die Bedeutung »durch eigene Unscheinbarkeit den Glanz von etwas anderem erhöhen«.

Während wir heute »Folie« vor allem von Vorträgen her kennen und stöhnen, weil immerfort noch eine an die Wand geworfen wird, bezeichnet sie in diesem Fall ein Metallblättchen – »Folie« stammt ja von dem lateinischen Wort *folium* für »Blatt«. Goldschmiede benutzten Blättchen unedlen Metalls als Unterlage für Edelsteine, um deren Strahlkraft zu erhöhen. Wie das auch bei einem unansehnlich gewordenen Ring gelingt, beschreibt Albrecht Dürer in einem Brief aus der Fastenzeit 1506 an seinen Nürnberger Freund, den Humanisten Willibald Pirckheimer: »Dy gesellen sagen mir awch, jr solt den stein awff ein newe folig legen lassen, so sech der stein noch als gut, wan der ring jst alt vnd dy foly verdorben. [Die Gesellen sagen mir auch, Ihr sollt den Stein auf eine neue Folie legen lassen, so sei der Stein noch als gut, denn der Ring ist alt und die Folie verdorben.]«

Spätestens in der Zeit der Aufklärung wurde daraus eine eigenständige Redensart, die sich im 19. Jahrhundert gut etabliert hatte und heute überaus häufig ist. Und wer im Goldschmiedebedarf geschliffene Steine kauft, findet sie in der Regel mit dem Zusatz »foliert« angeboten.

die Feuerprobe bestehen / die Feuerprobe hinter sich haben

Bedeutung: eine Bewährungsprobe bestehen/bestanden haben

Hintergrund: Bei der Feuerprobe handelt es sich um einen altehrwürdigen Test der Goldschmiede, bei dem mittels eines Probierofens unter oxidierender Atmosphäre die Reinheit von Gold bestimmt wird. Unedle Metalle oxidieren ja im Gegensatz zu edlen. Die Feuerprobe findet sich schon im biblischen »Buch der Sprüche«, wo sie mit der göttlichen Prüfung der Herzen verglichen wird. Der Humanist Erasmus von Rotterdam nahm die Redensart Anfang des 16. Jahrhunderts in sein großes Sprichwörterwerk »Adagia« in der lateinischen Form *aurum igni probatum* auf, was einfach »Gold, im Feuer geprüft« bedeutet und als Lob gebräuchlich für edle Menschen war.

(gut) beschlagen sein

Bedeutung: kenntnisreich und erfahren in einem Fach sein

Hintergrund: Langsam veraltet die Redensart, doch bei den unzähligen Pferdeliebhabern hierzulande bleibt sie wohl noch lange beliebt. Sie kennen den Wert eines gut beschlagenen Pferdes, wissen, was orthopädische Hufeisen für einen Nutzen haben und welchem Schmied sie die Aufgabe anvertrauen sollen. Ein gut beschlagenes Pferd hat neben besserer Trittsicherheit auch besser geschützte Hufe. Schlecht beschlagene dagegen laufen ungleichmäßig und erkranken immer wieder.

Wie wichtig es war, an den vier Hufen gut beschlagen zu sein, beschreibt auch das alte Sprichwort: **»Um eines Hufeisens willen verdirbt oft ein Reitpferd.«** Es fordert dazu auf, scheinbar kleine Beeinträchtigungen zu beachten und möglichst rasch zu beheben.

Das alles erklärt, warum sich **»gut beschlagen sein«** als Redensart für gut ausgebildete Menschen entwickelte, deren Kenntnisse und Erfahrungen mit den Hufeisen fürs Pferd gleichgesetzt werden. Von manch einem Menschen behauptete man gar, er sei »vierfach beschlagen«, was als Steigerung einerseits und als Verweis auf die Huftiere andererseits diente.

Seit einiger Zeit gibt es auch Hufeisen-Ersatz aus Kunststoff und anschnallbare Hufschuhe. Ob die noch sprichwörtlich werden?

die Pferde im Galopp beschlagen

Bedeutung: etwas zu rasch vornehmen/vorantreiben

Hintergrund: Die Redensart beschreibt Unmögliches und bezieht aus dem übertreibenden Bild ihre spöttische, kritische oder witzige Note. Schon eiliges Beschlagen führt ja zu schlecht sitzenden Hufeisen.

eine Rosskur durchmachen / eine Rossnatur haben

Bedeutung: eine grobe, extrem strapaziöse, anstrengende Heilmethode durchmachen / eine extrem belastbare Physis haben

Hintergrund: Der schöne Ausdruck »Ross« für Pferd ist in die Jahre gekommen, doch vor allem noch sprichwörtlich beliebt. Man sagt, jemand **»sitze auf einem hohen Ross«** oder dass man **»Ross und Reiter nennen«** solle.

Im 16. Jahrhundert sprach man auch von **»Rossarbeit**«, um eine besonders harte Arbeit zu beschreiben; schließlich schafften Pferde weit mehr als Menschen. Ihre gewaltige Leistungsfähigkeit kommt noch in übertreibenden Redensarten wie **»Keine zehn Pferde bringen mich dazu«** vor. »Ross-« diente als ein Verstärkungswort, beispielsweise bei der sprichwörtlichen **»Rossnatur«.** Das ist ähnlich bei der besonders derben **»Rosskur«,** eine Behandlungsmethode, die man Menschen nur in Ausnahme und Notfällen zumutet.

Zuständig für solche Kuren war häufig der Schmied, der ja sowieso viel mit Pferden umging und deren Krankheiten oft als Erster erkannte. Man sagte über ihn, weil diese Tätigkeit so üblich war, **»Das ist ein Pferdedoktor«.** Schmiede renkten Gliedmaßen von Pferden wieder ein, brannten mit heißen Eisen Verletzungen oder Geschwüre aus, verabreichten starke Heiltränke, schmierten eigentümlich riechende Salben und Pasten auf Wunden. Das empfand man schon deshalb als grob, weil die Schmiede selbst sprichwörtlich als grob galten. Auch im Französischen und Italienischen findet man diese Redensart von der Rosskur gleichbedeutend als *un remède de cheval* und *una medicina da cavallo.*

Der Erfolg der Schmied-Veterinäre und ihrer Methoden wird nicht gering gewesen sein, sonst wäre man nicht immer wieder zu ihnen gegangen. Dass auch bei Menschen, Betrieben oder Institutionen zur Rettung zuweilen unangenehme Vorgehensweisen nötig sind, das steht ebenfalls fest. Man hofft dabei, dass sie Rossnaturen haben, um solch eine Rosskur zu überstehen.

die Holzhammermethode anwenden, mit dem Holzhammer

Bedeutung: eine grobe, gänzlich undifferenzierte Vorgehensweise, gewaltsam

Hintergrund: Man kennt mächtige, langstielige Holzhammer-Exemplare, um beispielsweise Pfosten einzuschlagen, und kleinere, für grobe Arbeiten in der Schmiede, der Tischlerei und anderen Werkstätten, mit deren Wucht Teilstücke zusammengefügt werden.

Genau darum geht es. Die Schwere des Holzhammers und seine Wucht lassen differenziertes Schlagen nicht zu. Daher wird er durchweg für kraftvolles, aber grobes Arbeiten eingesetzt.

Zahllose Karikaturen und Bildwitze zeigen denn auch, wie jemand **»ungespitzt in den Boden gerammt wird«** – in der Regel mit einem Holzhammer.

Der Hammer selbst steht zuweilen für das grobe, kraftvolle, rücksichtslose Tun, so in Friedrich Nietzsches Werk »Götzendämmerung«, das den ironischen Untertitel trägt: »Wie man mit dem Hammer philosophiert«.

zwischen Hammer und Amboss, Hammer oder Amboss sein müssen

Bedeutung: zwischen zwei Fronten/Parteien geraten oder in sehr bedrängter Lage sein, aktiv oder passiv sein müssen

Hintergrund: Die meisten Deutschen nennen, nach einem Werkzeug gefragt, den Hammer. Er ist zusammen mit dem Amboss <u>das</u> Werkzeug des Schmiedes. Beide haben dieselbe Wortwurzel im Indoeuropäischen, die mit »Stein« zu tun hat. Beide waren ja auch ursprünglich aus Stein. Beide sah man in der Antike als aufeinander bezogene Gegensätze, die sprichwörtlich wurden: der Hammer für das Aktive und Aggressive, der Amboss für das Passive und Leidende. Im Deutschen wie in vielen anderen europäischen Sprachen dient das Sprichwort **»Man muss Hammer oder Amboss sein«** dazu, Zögernde zum Handeln zu motivieren, weil Untätige zum geschlagenen Amboss würden. Natürlich handelt es sich nicht selten um eine Scheinambivalenz, da es noch viele weitere

Zwischenstufen gibt, die das Bild verdeckt. Außerdem existieren tröstende oder beschwichtigende Sprichwörter, die einen Wechsel der Rollen in Aussicht stellen, so **»Heute Amboss, morgen Hammer«.** Manche warnen auch zur Vorsicht: **»Der ist ein Narr, der den Finger zwischen Hammer und Amboss legt.«**

In der Militärgeschichte steht der Ausdruck **»Hammer und Amboss«** sprichwörtlich für eine Strategie, den Feind mit einem Teil der Streitmacht zu stellen und ihn mit dem anderen in einer Umfassungsbewegung zu zerschlagen. Der Gegner stellt in diesem Bild das zu schmiedende Eisen, die beiden Heeresabteilungen Hammer und Amboss dar. Wer solcherart zwischen sie gerät, ist in einer außerordentlich schlimmen Lage. Zur Redewendung gibt es auch Varianten wie **»zwischen (Kneif-)Zange und Hammer geraten«,** wobei wiederum der Gemeinte als das Eisen, das festgehalten und geschlagen wird, zu verstehen ist.

einen Hammer haben / behämmert oder bekloppt sein, etwas ist der Hammer

Bedeutung: verrückt sein, etwas ist toll oder eine große Überraschung

Hintergrund: Schwere Erschütterungen des Kopfes führen mindestens zu Desorientiertheit, oft zu Betäubung und teils zu schwerwiegenden geistigen Beeinträchtigungen. Nicht umsonst nennt man seit Langem schon die plötzlichen Durchblutungsstörungen im Gehirn, die Ausfallerscheinungen auslösen, »Schlaganfall«. Sprichwörtlich wurde er in der Überraschungs- oder Empörungsformel **»Mich trifft der Schlag!«**.

Weil das Schlaginstrument der Hammer ist und Vergleiche wie **»so dumm sein, dass man meint, er wäre mit dem Hammer gehauen«** existierten, entwickelten sich Schlag-Redensarten für »verrückt sein« oder »geistig behindert sein« wie **»behämmert/bekloppt sein«** oder **»einen Hammer haben«.**

»Verrückt« ist außerdem schon seit gut zweihundert Jahren als Wort für »sehr gut« oder »sehr überraschend« gebräuchlich. Das gleicht der positiven Verwendung ähnlicher negativer Extremwörter wie in »Mordsgaudi«. Deshalb liegt die Entstehung von **»Das ist der Hammer!«** nahe. Der Hammer ist ja über »behämmert« eng mit Verrücktheit verbunden und dazu mit dem Überraschenden des Schlaganfalls. Längst gebraucht man auch das Wort **»Hammer«** allein als Lob- oder

Überraschungsausruf, wobei es selbst adjektivisch oder adverbial verwendet werden kann, so in **»hammermäßig«, »hammerhart«** oder einfach **»hammer«.**

wissen / jemandem zeigen, wo der Hammer hängt

Bedeutung: erfahren, kompetent sein / jemandem gehörig die Meinung sagen, ihn zurechtweisen, auftrumpfend Stärke zeigen oder Macht demonstrieren

Hintergrund: Ein guter Schmied weiß natürlich immer, wo der Hammer hängt. Der Hinweis auf einen Hammer ist gleichzeitig immer mit der Drohung eines Schlags verbunden. So könnten beide Redensarten sehr alt sein, beziehen sich aber nur indirekt aufs Handwerk und tauchen vor den 1960er-Jahren nicht auf.

Wahrscheinlich beeinflusste die überaus populäre und in gleicher Doppelung verwendete Redensart **»wissen/zeigen, wo (der) Barthel den Most holt«** die Hammerredensarten und vielleicht auch weitere Droh- und Stolzredensarten wie **»jemandem zeigen, was 'ne Harke ist«** oder **»jemandem zeigen, wo ihm der Arsch steht«.**

das Eisen schmieden, solange es heiß ist; ein heißes Eisen anfassen, jemanden zur Weißglut bringen

Bedeutung: günstige Umstände nutzen; ein heikles Thema anschneiden, jemanden extrem provozieren / wütend machen

Hintergrund: Es gehört zu den erstaunlichsten Fähigkeiten erfahrener Schmiede, an der Färbung der Rohlinge in der Esse die ideale Temperatur für die Bearbeitung zu erkennen und rasch zu handeln. Ein Eisenstab von zwei Zentimetern Dicke ist binnen einer guten Minute zur Rotglut (750–800 °C) gebracht, in drei bis vier Minuten erreicht er Weißglut (1000–1200 °C), womit er gut schmiedbar ist. Man nennt ihn dann auch **»heißes Eisen«.** Dass der Schmied bei der Sache bleiben sollte, wenn ein Stück die richtige Temperatur hat, versteht sich, denn erstens kann man es nicht beliebig oft ohne Qualitätsverringerung erhitzen und zweitens vertut man Zeit, Kraft und Kohlen, lässt man sich von der Arbeit ablenken. So erklärt sich die Redensart **»das Eisen schmieden, solange es heiß ist«.**

Das Anfassen heißen Eisens hat mit Wahrheitsproben zu tun, über die es seit dem hohen Mittelalter Quellen gibt. Beschuldigte oder Bürgen mussten vor den Richtern ein heißes Eisen anfassen. Wen es nicht brannte, der galt als unschuldig.

Bleibt noch die Provokationsredensart. Wer sich ärgert, spürt es auch körperlich als Hitzegefühl, das durch eine stärkere Durchblutung bewirkt wird. In aller Regel zeigt das Gesicht es mit sichtbarer Errötung an. In vielen Comics erkennt man sich steigernde Wut an immer kräftigeren, dunkleren Rottönen. Die Redensart geht noch einen Schritt weiter. Dort wird jemand in der Esse des Spotts und Provozierens zu Weißglut, also zu äußerster Wut erhitzt.

Selten noch hört man **»jemanden schlagen wie kalt Eisen«** oder **»kaltes Eisen schlagen«.** Das eine bezeichnet außerordentlich harte Prügel, weil das nicht erhitzte Metall ja deutlich schwerer zu formen ist, das andere bezieht sich auf unkluges oder nutzloses Tun.

zwei/mehrere Eisen im Feuer haben

Bedeutung: mehr als eine Möglichkeit / gute Gelegenheit haben

Hintergrund: Um sein Feuer effektiv zu nutzen, erhitzt ein Schmied darin durchaus mehr als ein Werkstück auf einmal. Ist das bearbeitete nicht mehr heiß genug, muss er seine Arbeit nicht unterbrechen. Er steckt es zurück in die Esse und nimmt aus derselben das andere, das die richtige Temperatur hat.

Gerade Selbstständige können die Redensart als Basis ihrer Arbeit bestätigen. Sie wissen, dass es unerlässlich ist, mehr als einen Auftraggeber zu haben, mehr als ein Tätigkeitsfeld, mehr als einen Auftrag zur gleichen Zeit. Die Redensart benutzen freilich auch Liebende, die sich mehr als einen potenziellen Partner warmhalten. An die Risiken dabei erinnert die alte Schmiede-Weisheit: **»Wer viel Eisen im Feuer hat, der verbrennt gewöhnlich etwas davon.«**

Nicht zu vergessen ist die Tatsache, dass auch die Schneider mit der Redensart assoziiert werden können, erhitzten sie doch früher ihre Bügeleisen im Feuer und hatten, um zügig arbeiten zu können, mindestens eins in Gebrauch und eins im Feuer.

Dafür hat der Schmied Zangen.

Bedeutung: Eine Sache ist nicht schlimm, weil man sie anzupacken weiß.

Hintergrund: Wie Amboss und Hammer ist auch die Zange aufs Engste mit dem Beruf des Schmieds verbunden. Sie ermöglicht ihm, wortwörtlich **»heiße Eisen anzufassen«.**

Kreative Köpfe verknüpften die Redensart schon in der frühen Neuzeit mit dem Schmied und prägten Sprichwörter wie **»Dafür hat der Schmied die Zange, dass er sich die Finger nicht verbrennt.«** Der zweite Teil war auch längst in übertragener Bedeutung bekannt. So bedeutete das Sprichwort im Ganzen wie in verkürzter Form: Die heikle Sache ist unproblematisch, wenn man sie recht anzupacken weiß.

jemanden in die Zange nehmen

Bedeutung: jemanden unter Druck setzen, von zwei Seiten attackieren, ihm mit Fragen zusetzen

Hintergrund: Der feste Griff der Zange wird hier mit dem unerbittlichen Bedrängen und Festhalten einer Person verknüpft. Im Militärischen nahm man das Bild noch genauer und bezeichnete den Angriff von Streitkräften als **»Zangenbewegung«** und gerade das Attackieren von zwei Seiten als **»Zangenangriff«** oder als **»den Feind in die Zange nehmen«.**

etwas oder jemanden nicht mit der Zange/Feuer-/Beiß-/Kneif-/Kohlenzange anfassen wollen

Bedeutung: mit etwas oder jemandem unter keinen Umständen etwas zu tun haben wollen

Hintergrund: Oft hört man die Redensart im Zusammenhang mit angeblich sexuell absolut unattraktiven Menschen, sie lässt sich aber auch auf Abstoßendes aller Art anwenden. Die Zange ermöglicht ja nicht nur die Handhabung heißer Sachen, sondern auch solcher, die man keinesfalls berühren möchte.

Bedenkt man, dass seit den spätmittelalterlichen Höllenbildern und Foltervorschriften der Einsatz grober und auch glühender Zangen am

Fleisch der Opfer allgemein bekannt war, bekommt die Redensart eine noch verächtlichere Bedeutung. Gerade die Varianten »Kneif-« und »Beißzange« weisen auf diese Sphäre hin.

durch etwas zusammengeschweißt sein

Bedeutung: Etwas verbindet sehr stark.

Hintergrund: Ein mindestens 150 Jahre altes Sprichwort stellt klar: **»Ein Schmied versteht sich gut aufs Schweißen.«** Außer ihm kannten auch andere Handwerker diese haltbare und starke Art der Metallverbindung, aber mit dem Schmied verknüpfte man sie besonders. Die Übertragung auf eine starke persönliche Verbindung lag nahe. Die Redensart bezieht sich oft auf gemeinsam bestandene herausfordernde, gefährliche, schwierige Situationen, die von Schwitzen und Hitzeempfindung begleitet werden. Vielleicht steckt also zusätzlich ein Wortspiel mit »Schweiß« und »Schweißen« dahinter.

einen / ein paar verlöten/löten

Bedeutung: Alkohol trinken

Hintergrund: Die umgangssprachliche Redensart führt man gern auf die verbindende Wirkung gemeinsamen Trinkens sowie auf die Wärmeentwicklung nach dem Konsum starker Alkoholika zurück.

Offensichtlich steckt aber noch die Mitte des 19. Jahrhunderts geprägte Bezeichnung **»Lötkolben«** für die Trinkernase dahinter, die rötlich schimmerte wie ein glühender Lötkolben und länger schon als **»Riechkolben«** bekannt war. Auch den Penis nannte man in der Umgangssprache »Lötkolben«, da Sex mit Hitzeentwicklung assoziiert wurde und mit einer Verbindung zweier Komponenten zu tun hat.

Im Rotwelschen findet sich dann Ende des 19. Jahrhunderts das Verb **»löten«** für »ein Glas Alkohol trinken« und »koitieren«.

die letzte Feile anlegen / etwas ist ausgefeilt / da fehlt noch die Feile / an etwas feilen müssen

Bedeutung: etwas, vor allem Kunstwerke, durch letzte Überarbeitung in beste Form bringen

Hintergrund: Die Redensarten gehen alle zurück auf antike Autoren, vor allem auf Vergil, der *cum lima*, also »mit der Feile« an seinen Werken arbeitete, und Ovid, der in seinen Briefen aus der Verbannung von der *ultima lima*, der »letzten Feile«, im gleichen Sinn schreibt.

Dass die berühmten Stilisten sich solcherart als Schlosser oder Kunstschmiede stilisierten, die Grate entfernen, Metallstücken schönen Glanz, Glätte und Passgenauigkeit verleihen, hat sicherlich mit der Nähe von Kunst und Handwerk in der Antike zu tun. So wie der Handwerker mit genügend Fertigkeit Kunst erschaffen konnte, so beruhte die Kunst der Antike durchaus auf einem Ethos des guten Handwerks.

Deshalb finden sich die Redensarten über lange Zeit gerade im Zusammenhang mit der Perfektionierung von literarischen und musikalischen Werken. Und obwohl sie dem Handwerk entstammen, waren sie doch nie recht volkstümlich.

Schwerter zu Pflugscharen!

Bedeutung: Schluss mit dem Krieg, ewiger Friede!

Hintergrund: Das geflügelte Wort verdankt sich der Bibel. Im Alten Testament findet sich beim Propheten Micha, Kapitel 4,1–4, eine schöne und klare Vision vom Beginn einer friedlichen Welt, in der es heißt, die Völker würden **»Schwerter zu Pflugscharen«** machen. Das Wort griffen seit mindestens hundert Jahren Friedensbewegte weltweit auf und setzten es ins Bild, so zum Beispiel in der DDR. Seit 1959 sieht man es als Skulptur des Bildhauers Jewgeni Wiktorowitsch Wutschetitsch vor dem Sitz der UN in New York – ein Geschenk der Sowjetunion, das ihren Willen zum Frieden mit den kapitalistischen Ländern belegen sollte.

Dass es sich um ein durchaus konkretes Vorgehen handeln kann, wissen viele Nachkriegsgenerationen weltweit, denn nach einem Krieg werden aus Stahlhelmen Töpfe und aus Bajonetten Eggen, aus Gewehren Hämmer und aus Panzern Wohnräume.

ein Filigrantechniker sein

Bedeutung: gerade im Vergleich zu grobem Vorgehen besonders fein sein, jemand mit reichlich Finesse auf seinem Gebiet sein, ein Fußballer mit feiner Ballbeherrschung sein

Hintergrund: Während Wörter wie »filigran« oder **»ein Filigrantechniker sein«** weiterhin verbreitet sind, verbindet kaum jemand etwas mit deren Herkunft, der Filigranarbeit. Das Wort bezeichnet zierliche Schmuckarbeiten aus einem Geflecht von feinen Gold-, Silber- oder anderen Metallfäden, wobei diese wiederum mit Verdickungen wie Knoten versehen sind. Das ergibt auch die Wortbedeutung aus dem Lateinischen: *filum* = »Faden, Draht« und *granum* = »Korn, Kern«, also »gekörnter Draht«. Die fein gearbeiteten Kunstwerke dienten der Dekoration im weltlichen wie im geistlichen Bereich.

Gerade im Vergleich mit der Arbeit von Grobschmieden erschien die der Filigranhandwerker als besonders fein. Neben dem Ausdruck »filigran« für »fein«, der schon lange beliebt ist, entwickelte sich in der Fußballberichterstattung die sprichwörtliche Verwendung **»ein Filigrantechniker sein«** für die intelligent und elegant spielenden Sportler. Von hier aus verbreitete sich die Redensart in den letzten zehn Jahren auch auf viele weitere Bereiche – mal bewundernd, mal spöttisch.

fein ziseliert sein

Bedeutung: besonders bezogen auf Sprache: sehr fein gearbeitet sein

Hintergrund: Handwerker verzierten von Beginn der Metallverarbeitung an die Oberflächen von Waffen, Werkzeugen, Gebrauchsgegenständen mit verschiedenen Geräten und Techniken. Dazu gehörte die Bearbeitung mit Sticheln, Punziereisen, Ziselierhämmern, feinen Meißeln oder Schneidinstrumenten.

Sprichwörtlich wurde unter den Verzierungstechniken das Ziselieren. Hierbei schneidet oder sticht man nicht in die Oberfläche von Metallgegenständen mit spitzen Werkzeugen, man treibt und drückt mit stumpfen Werkzeugen zierliche Formen aus der Oberfläche heraus.

Besonders die fein verschlungenen Linien und Metalleinlegearbeiten der Ziseleure faszinierten die Menschen so, dass sie diese kunstvolle Technik auch auf Kunstwerke der Sprache übertrugen und später auf feine Arbeit überhaupt.

PS: Auch Köche ziselieren zuweilen, indem sie durch kreuzweises Einschneiden die Oberfläche von Kochgut vergrößern, um dessen Garzeit zu verringern und das Durchgaren zu verbessern.

WIE EIN SCHWEIZER UHRWERK

Zu den metallverarbeitenden Handwerkern im weiteren Sinn zählen auch die Uhrmacher, manchmal kleine Genies, oft solide Tüftler und Feinmechaniker, die unser aller Leben **»in Takt halten«,** wobei vielerlei **»im Sekundentakt«** geschieht.

Deshalb stellte man Gott nicht nur als Töpfer oder Drechsler, sondern auch als Uhrmacher dar, konnte man doch exakte Zeitabläufe in der ganzen Schöpfung beobachten. Gerade die hervorragenden Feinmechaniker des 16., mehr noch des 17. Jahrhunderts brachten Uhrwerk-Kunstwerke hervor, deren Ganggenauigkeit, Feinheit, Schönheit und Ausgefeiltheit staunen machte. Fürs (eher dämliche) Staunen prägte man denn auch die Redensart **»wie ein Schwein ins Uhrwerk schauen«.**

Berühmt bis heute ist die helvetische Uhrenherstellungskunst, weshalb man **»genau wie ein Schweizer Uhrwerk«** sagt. Harmonisch griff **»ein (Zahn-)Rädchen ins andre«**, was zum Bild für perfekte Kooperation aller Art wurde; freilich galt das auch für andere Getriebe.

Manche der frühen Uhren **»gingen nach dem Mond«,** aber nicht unbedingt in der sprichwörtlichen Weise, zeigten sie doch als astronomische Uhren die Phasen des Erdtrabanten an. Da er sonst als wechselnd und trügerisch galt, ergab sich die heutige negative Bedeutung der Redensart. Eine solche falsch gehende Uhr **»tickte nicht richtig«** und bot ein gutes Bild für Denken, das seine Folgerichtigkeit verloren hat. Wenn dagegen zwei **»gleich ticken«,** ähneln sie zwei Uhren ohne Abweichung. Dahinter steht natürlich auch unser auffälligster Körpertaktgeber, das Herz.

Die Verbreitung der Uhren im Alltag, erst auf Kirch- und Rathaustürmen, dann in Taschen, schließlich an Armgelenken, führte zu einer Parallelisierung der zu messenden Lebensspanne mit einer individuellen Lebensuhr. Die in Vertäfelungen oder Balken arbeitenden Holzwürmer, die tickende Geräusche von sich gaben, nannte man denn auch »Totenuhren«, als gäben sie das Verstreichen der Lebenszeit wieder. **»Ihre Uhr ist abgelaufen«** bedeutet »sie ist tot« oder »so gut wie tot«.

Als scheinbar von allen Naturgegebenheiten unabhängige Zeitmesser stehen Uhren auch für das Leben überhaupt. Wundert man sich über fremde Verhältnisse, sagt man schon mal **»Da gehen die Uhren anders«.**

Was herauskommt, wenn man das Korn aufs Korn nimmt

Getreideverarbeitung: Mühlen, Bäckereien, Konditoreien

Man kann sich kaum vorstellen, welch eine Erleichterung das Müllerhandwerk für extrem viele Frauen bedeutete, denn deren Aufgabe war es ja unter den unzähligen anderen auch, das Getreide fürs »täglich Brot« oder für Suppen und Getreidebreie zu schroten und zu mahlen.

»Die klappernde Mühle am rauschenden Bach« nahm ihnen diese schweißtreibende Arbeit ab, natürlich ebenso die nicht weniger klappernden Windmühlen, wenn nicht gerade ein versprengter *caballero de la trista figura*, also ein »Ritter von der traurigen Gestalt«, gegen sie zu kämpfen versuchte. Die Don Quijotes sterben niemals aus.

Natürlich drehte sich nicht jede Mühle im Auftrag der Mehlherstellung, gab es doch auch Hammermühlen oder Drahtziehmühlen, Schleifmühlen und Walkmühlen, doch die allermeisten dienten der Ernährung. Wie erwähnt, ist denn auch »Müller« zusammen mit »Schmidt« in all seinen Varianten der häufigste Nachname im Deutschen.

Eine Besichtigung der technischen Wunderwerke macht rasch klar, dass es eine eigene Kunst ist, das Mahlgut richtig zu beurteilen, die Mahlgrade exakt zu erreichen, die Mahlwerke immer in optimaler Wirksamkeit zu halten, wozu die Siebe und Aufzüge gehörten, die Getriebe und Leitungen.

So gab es viel zu lernen in der Mühle, und in jeder etwas Neues, weshalb nicht umsonst **»Das Wandern ist des Müllers Lust«** zu einer Art Hymne der Zunft wurde; erfunden übrigens von einem Wilhelm Müller, der kein zünftiger Müller war. Das Lied stammt aus dem herrlichen Zyklus »Die schöne Müllerin« von Franz Schubert, der den Gedichten Müllers eine neue, zu Herzen gehende Gestalt gab.

Tausende Geschichten, Anekdoten, Märchen, Gedichte und Aberglaubensgrundsätze beschäftigen sich mit den Mühlen und dem Müller. Die Idee Otfried Preußlers, in seinem Roman »Krabat« eine Mühle zum Teufelsort zu machen, fußt auf zahllosen Legenden. Die entstanden umso leichter, als Mühlen meist – schon aus Gründen der Lärmbelästigung – außerhalb der Orte lagen, sodass man nicht recht einschätzen konnte, was dort alles geschah. Die komplizierte Technik mit vielen

Mahlvorgängen befeuerte dazu die Fantasie der verständnislosen Laien, die den Teufel mit am Werk glaubten und darüber hinaus den Müllern vorwarfen, Mehl für sich selbst abzuzweigen.

Doch man stellte sich auch den himmlischen Einsatz der genialen Erfindung vor: **»Gottes Mühlen mahlen langsam, mahlen aber trefflich klein.«** Die Verbindung des Zermahlens mit Schuld und Strafe kennen sehr viele aus noch einem weiteren Zusammenhang:

»Meister Müller, he, heran!
Mahl er das, so schnell er kann!«
»Her damit!!« – und in den Trichter
Schüttelt er die Bösewichter. –
Rickeracke! Rickeracke!
Geht die Mühle mit Geknacke.

Das Mahlwerk mahlt Max und Moritz zu Schrot, das die Enten auffressen. Wilhelm Busch ist auch Verfasser des Gedichts »Ärgerlich«, welches das Problem der doppelten Abhängigkeit aller Wind-Müller präsentiert:

So geht's immer, wie ich finde,
Rief der Müller voller Zorn.
Hat man Korn, so fehlt's am Winde,
Hat man Wind, so fehlt das Korn.

In diesem Kapitel kommen neben den Mehlproduzenten das von ihnen abhängige Bäcker- wie das Konditorenhandwerk vor, deren Zünfte allerlei sprichwörtliche Redensarten entstehen ließen. Wie sagen manche Erziehungsberechtigte zu ihrem Nachwuchs: **»Wenn der Kuchen spricht, schweigen die Krümel.«** Das unverzichtbare Tortendiagramm der Statistik verdankt sich diesen Zünften genauso wie die Brötchengeberinnen oder die Cookies, die sich auf unseren Rechnern befinden. Warum die Kleinstprogramme so heißen, ob sie auf die »magischen Kekse« aus »Alice im Wunderland« anspielen – man weiß es nicht und kriegt die Erklärung dafür wohl nie mehr gebacken.

Wer zuerst kommt, mahlt zuerst.

Bedeutung: Die zeitliche Reihenfolge übertrifft die Rangfolge.

Hintergrund: Zunehmend hört man das englische Pendant *First come, first served,* das ebenfalls eine Kurzform mittelalterlicher Mühlengesetze ist. Eigentlich achtete man in jener Zeit peinlich genau auf Hierarchien. Man denke nur an den erbitterten Streit zwischen Kriemhild und Brünhild im »Nibelungenlied« um Vor- und Nachrangigkeit.

Nicht so vor den Mühlen: Etwa 1230 heißt es in der niederdeutschen Rechtssammlung »Sachsenspiegel« des Eike von Repgow: *»Der ouch êrst zu der mül kömt, der sal erst malen.«*

Obwohl der Rechtsgrundsatz ausschließlich für Mühlen galt, wurde er kurz darauf auch sprichwörtlich in vielen anderen Bereichen zitiert, in denen man sein Vorrecht als zuerst Gekommener behauptete.

Da der Hintergrund kaum noch bekannt ist, stößt man häufig auf die Fehlschreibung »malt zuerst«; vereinzelt handelt es sich dabei allerdings um eine ironische Variante.

Wasser auf jemandes Mühlen sein

Bedeutung: Etwas ist Unterstützung, Zustimmung, Beflügelung für jemanden.

Hintergrund: Die gut 500 Jahre alte Redensart bezieht sich auf mit Wasser angetriebene Mühlen. Mehr Wassermenge führt natürlich zu mehr Kraft im Getriebe. Man könnte mit gleichem Recht »Wind auf jemandes Windmühlenflügeln sein« sagen, aber das hört sich zu umständlich an. Hoffende ließen früher den Stoßseufzer hören: **»Auf meine Mühle wird auch wohl einmal Wasser kommen.«**

Rücksichtlose Egoisten dagegen charakterisierte man mit der Redensart **»alle Wasser auf seine Mühle(n) leiten«** und meinte damit, dass sich jemand zulasten anderer einen Vorteil verschafft. Von Bächen gingen ja oft mehrere Mühlgräben ab, sodass jemand, der alles Wasser für sich abzweigte, die anderen arbeitslos machte.

jemandem das Wasser abgraben

Bedeutung: jemanden seiner Existenzgrundlage berauben, jemandem seine Wirkungsmöglichkeiten nehmen

Hintergrund: Wer Mühlbäche umleitete oder sperrte, nahm den abwärts liegenden Mühlen ihren Antrieb. So erklärt man zumeist die Redensart durchaus richtig, und die meisten denken wohl auch bei bewusstem Wortgebrauch an diesen Hintergrund.

Wie so oft gibt es aber eine zweite Erklärung, die genauso richtig ist: In der Belagerungstechnik galt das Wasserabgraben und ähnliches Sperren der Wasserversorgung als probates Mittel. Dadurch nahm man ganz unmittelbar einer Burg oder ganzen Stadt die Existenzgrundlage.

(wieder) Oberwasser bekommen/gewinnen/haben/behalten

Bedeutung: (wieder) in eine günstige Lage kommen, widrige Umstände überwunden haben, (wieder) in einer günstigen Lage sein

Hintergrund: Hier geht es eindeutig um die Wasserräder von Mühlen und deren Antrieb durch Bäche oder Kanäle. Den oberhalb der Mühle aufgestauten Bereich von Wasserläufen nennt man schon immer »Oberwasser«, den von der Mühle weglaufenden Teil »Unterwasser«. Wer **»Oberwasser hat«,** erhält mit dem Zustrom der Wasserkraft gute Unterstützung und ist in einer günstigen Lage. Warum diese Redensart erst im 19. Jahrhundert populär wurde? Unerklärlich.

Klappern gehört zum Handwerk.

Bedeutung: Reklame – auch für die eigene Person – muss sein.

Hintergrund: Häufig liest man als Erklärung, Handwerker hätten auf mittelalterlichen Märkten mit Klappern auf sich und ihre Waren aufmerksam gemacht. Das wirkt auf den ersten Blick überzeugend. Auf den zweiten wundert man sich.

Erstens verkauften lange nicht alle Handwerker ihre Waren auf dem Markt, sondern direkt aus den Werkstätten, und sehr viele verkauften gar nichts, sondern boten Dienstleistungen an, ob es Glaser waren, Zimmerer oder Schmiede.

Zweitens hatten Klappern meist andere Funktionen: 1179 legte das Laterankonzil fest, dass Leprakranke neben einer besonderen Kutte auch eine Klapper tragen und in bewohnten Gegenden benutzen mussten. Die auch »Lazarusklappern« – nach dem Patron dieser Krankheit – genannten Warninstrumente hörte man bis ins 17. Jahrhundert hinein. **»Mit Klappern gehen«** hieß »ein Aussätziger sein«. Und **»sie hat die Klapper«** meinte »sie ist aussätzig«. Ziemlich schlechte Werbung!

Eine andere Art von Klappern, meist Ratschen, die wirklich in gewisser Weise warben, aber ebenfalls nichts mit Handwerk zu tun hatten, kamen in vielen Gegenden am Karfreitag zum Einsatz, um zum Gottesdienst zu rufen. Denn an diesem Tag schwiegen die Glocken.

»Klappern/Klippern« hatte außerdem früher auch die Bedeutung »(ärgerlichen) Lärm machen«. Deshalb hieß das alte Sprichwort vor fünfhundert Jahren wohl vor allem »Ohne Lärm kann man kein Handwerk betreiben« und entwickelte von hier aus seine spöttische Bedeutung.

So gut wie nie ruhte das Mahlwerk und das Getriebe der Mühlen. Deren Lärm war sprichwörtlich, vor allem der, den die Müller und ihre Arbeiter zu ertragen hatten. Man sagte deshalb in Hessen-Nassau zu einem, der unangenehm laut sprach: **»Mer meent, dau werst in der Meel groß worn.«** In Süddeutschland und bis nach Österreich hinein hieß es: **»In der Mühle sagt man's zweimal.«** Damit neckte man schlechte Zuhörer, die immer nachfragten, oder ungewöhnlich laut Sprechende. Wessen Worten niemand zuhörte, dem erklärte man: »**Wer in der Mühle Flöte bläst, verschwendet seinen Atem.«** Und der schöne Satz **»Er hat einen Müllerschlaf«** beschreibt die beneidenswerte Fähigkeit, selbst bei größtem Lärm zu schlafen. Man musste eben als Müller das ewige Klappern einfach hinnehmen: **»Je näher die Mühle, je stärker das Klappern.«** Und darum geht es in dem Sprichwort. Von ihm gibt es eine Variante, die den Bezug eindeutig erkennen lässt: **»Wer mahlen will, muss auch das Klappern dulden.«**

Im 19. Jahrhundert kannte man wohl noch die Bedeutung von »klappern« für »betteln«, vor allem der Aussätzigen, aber auch den Zusammenhang mit dem Müllerhandwerk und sagte deshalb: **»Klimpern ist kein Geld, Klappern ist kein Handwerk.«**

Der heutige Werbungsbezug des Sprichworts ist so richtig erst seit dem 20. Jahrhundert üblich, als von Klappern auf dem Markt erst recht keine Rede mehr sein konnte; wahrscheinlich entwickelte er sich aus dem

Sprichwort: **»Wer eine Bude auf dem Markt hat, muss schreien.«** Freilich klapperte man geschäftlich allerlei ab: die ganze Gegend, Stadtviertel, Ämter etc. Vielleicht spielt dieses »abklappern« im Sinn von »emsig suchen«, »fragend umhergehen«, besonders auf der Suche nach Kunden, für die Entstehung der modernen Interpretation eine Rolle; schließlich führte man es auch auf das Klappern von Haustüren oder Briefkästen zurück, wenn Hausierer oder Prospektverteiler unterwegs waren.

An das Handwerk im engeren Sinn denken heute nur noch die Handwerker selbst, die sehr wohl wissen, wie wichtig Werbung ist.

Gottes Mühlen mahlen langsam.

Bedeutung: Die Strafe für etwas wird – wenngleich spät – zweifellos kommen, etwas wird schon noch fertig werden; sei geduldig, fühl dich nicht sicher, weil du anscheinend mit etwas davongekommen bist.

Hintergrund: Die antike Weisheit erfreut sich aktuell großer Beliebtheit. Das hat sicher mit ihrer Anpassungsfähigkeit und Bedeutungserweiterung zu tun. So lautete das Sprichwort um 180 n. Chr. bei Sextus Empiricus übersetzt: **»Lange zwar mahlen die Mühlen der Götter, doch mahlen sie Feinmehl.«** Weitere Quellen der Zeit weisen darauf hin, dass es sich schon damals um ein geläufiges Sprichwort handelte. Ein Jahrhundert früher schrieb Plutarch beispielsweise in »De sera numinis vindicta« (»Über die späte Rache der Götter«) durchaus kritisch von den spät mahlenden Mühlen der Götter, die die Bosheit nicht erschreckten.

Abgesehen davon ist das Sprichwort heute mit zweierlei Zielrichtung zu verwenden: als Ermahnung an entwischte oder unentdeckte Übeltäter, sich nicht sicher zu fühlen, und als Trost für diejenigen, die fürchten, das Unrecht der Welt bleibe straflos.

In vielen Varianten verbindet man mit der späten, doch sicher eintretenden Strafe zusätzlich eine besondere Intensität derselben. So lautet Friedrich von Logaus kurzes Sinngedicht »Göttliche Rache« von 1654: **»Gottes Mühlen mahlen langsam, mahlen aber trefflich klein; / Ob auß Langmuth er sich seumet, bringt mit Schärff er alles ein.«**

Vielleicht erscheint es manchem überraschend, wie umstandslos Gott – oder früher die Götter – in dem Sprichwort als Müller agieren, aber das allegorische Denken der Antike wie des Christentums liebte anschauliche Bilder dieser Art. In alten deutschen Kirchenliedern besingt man sogar Maria als Müllerin, die das Korn für das Himmelsbrot mahlt. Relativ neu und relativ häufig ist eine aufmunternde Bedeutung des Sprichworts, die sich an Modellen wie **»Es ist noch kein Meister vom Himmel gefallen«, »Eile mit Weile«** oder **»langsam, aber sicher«** orientiert; ja, das letzte Beispiel entstand vielleicht sogar als Kurzform zum Gottesmühlen-Sprichwort.

in die Mühlen des Gesetzes / der Bürokratie geraten, jemanden durch die Mühle drehen

Bedeutung: In einen schwer zu durchschauenden, endlosen Konflikt mit dem Gesetz / der Bürokratie geraten, jemandem hart zusetzen

Hintergrund: Nicht erst Wilhelm Busch führte mit dem Ende von »Max und Moritz« vor, wie Menschen in eine Mühle geraten und dort geschrotet werden. Das Bild ist alt und eindrucksvoll ängstigend. Einmal ins Mahlwerk geraten, gibt es fürs Getreide ja kein Entkommen mehr.

Gott und sein unerbittliches Mahlwerk wurden bei der vorigen Redensart behandelt. Von seiner strafenden Gerechtigkeit war es nur ein kleiner Schritt zu den **»Mühlen des Gesetzes«.** Sprache und Verfahren des Letzteren sind bis heute für die meisten von uns undurchsichtig und verstörend kompliziert, weshalb die Übertragung auf die Komplikationen der Bürokratie ebenso nahelag.

Das Geraten ins Mahlwerk ähnelte nun wiederum dem Plättvorgang beim Mangeln, und so kann man jemanden bei einer intensiven Befragung nicht nur **»in die Mangel nehmen«** oder **»durch die Mangel drehen«**, sondern eben auch **»durch die Mühle drehen«.**

in eine Tretmühle geraten, in einer Tretmühle leben/sein

Bedeutung: in einen quälend gleichförmigen Trott, vor allem der Arbeit, geraten / in einem ewigen Trott leben

Hintergrund: Erstaunlicherweise kam die Redensart, die mit dem Müllerhandwerk nur vereinzelt zu tun hat, erst im 19. Jahrhundert auf, obwohl man bereits in der römischen Antike die Technik der Tretmühle erfand. Ein großes Rad mit einer inneren Lauffläche trieb über eine Achse ein Getriebe an. Die Arbeitskraft kam von Menschen oder Tieren, die auf der Lauffläche gingen. Mit Tretmühlen betrieb man Kräne,

Pumpen, aber auch – wo Wind oder Wasserläufe fehlten – Getreidemühlen. Noch im 19. Jahrhundert setzte man sie in großer Menge ein, besonders im Strafsystem, da die Arbeitskräfte hier billig und so gut wie rechtlos waren. Die Tätigkeit wurde selbst als eine Art Zusatzstrafe angesehen.

So eintönig und anspruchslos, wie man meint, ist die Arbeit in der Tretmühle freilich nicht. Gerade bei der Hebe- und Senkarbeit in einem Kran, der zum Löschen oder Beladen von Schiffen dient, müssen die Männer auf den Antriebslaufflächen sehr genau die Belastungsgrenzen sowie das Kräftespiel des Geräts im Blick behalten. Unkontrolliert könnten die Kräfte der schweren Lasten die Menschen im Tretrad durcheinanderwirbeln und verletzen. Dementsprechend gehörten diese Leute zu den gut bezahlten Arbeitskräften vom Mittelalter bis in die Neuzeit.

Jemandem geht ein Mühlrad im Kopf herum.

Bedeutung: Jemand ist durcheinander / hat einen Kater.

Hintergrund: Schwindelgefühle und Orientierungsprobleme, überempfindliches Hören oder unangenehme Geräuschempfindungen liegen dieser Redensart zugrunde, welche von Krankheiten, Übermüdung, einem schweren Kater oder einem Hangover verursacht werden. Die darunter Leidenden verglichen schon lange ihre Missempfindungen mit dem unentwegten Drehen der Mühlräder und ihren lauten, brausenden, stampfenden Geräuschen im Mühlbach.

Johann Wolfgang Goethe zitierte 1790 die Redensart in der Schülerszene seines Dramas »Faust« und machte den Ausdruck damit noch viel beliebter: »Mir wird von alledem so dumm, / Als ging mir ein Mühlrad im Kopf herum.«

PS: Im ukrainischen Brody und Umgebung sagten die Juden dagegen vor 200 Jahren: **»Er hot a Kop wie a Mühlrad«,** um die nie stillstehende Denktätigkeit eines Menschen zu loben.

Das Wandern ist des Müllers Lust.

Bedeutung: Ermunterung beim Wandern

Hintergrund: Den Beginn des Gedichts »Wanderschaft« von 1821 kennt heute jeder, den Verfasser Wilhelm Müller fast niemand mehr, und wenn doch, dann im Zusammenhang mit Franz Schuberts Vertonung. In der leicht veränderten, vierstimmig gesetzten Version Carl Friedrich Zöllners von 1844 emanzipierte sich das Gedicht vollständig von seinem Ursprung und wurde zu dem Wanderlied und zu einem der zehn bekanntesten Volkslieder – bis heute.

Als geflügeltes Wort hört man es beim Wandern selbst oft als Ermunterung, aber man trifft darauf auch in der Werbung, natürlich vor allem für Wandervereine oder Wanderurlaube. Ursprünglich spielte es auf die bei Müllern wie bei vielen anderen Handwerkszünften üblichen Wanderjahre der Gesellen an.

Das geht (ja) wie's Brezelbacken.

Bedeutung: Eine Tätigkeit geht (überraschend) schnell und leicht von der Hand.

Hintergrund: Das knusprige Gebäck, um dessen Erfindung sich manche hübsche Geschichte rankt und das sehr lange schon symbolisch für das Bäckerhandwerk steht, hat seinen Namen von der armartigen Verschlingung des Teigstrangs und dem lateinischen Wort *bracchium* für »Arm«. Wer einem Bäckerlehrling bei der Brezel-Formung zusieht, staunt über dessen Schnelligkeit, und ähnlich rasch ist der Backvorgang, von dem schon Gottlieb Siegmung Corvinus 1720 schrieb:

> Die Bretzeln schiebet man geschwinde
> In Ofen ein und wieder aus.
> Der Teig wird augenblicks zur Rinde,
> Mit Versen sieht es anders aus.

Gleichwohl findet sich die Redensart erst seit den 1960er-Jahren, etwa als Variante zu vielen ähnlichen, die Schnelligkeit umschreiben, beispielsweise **»Das geht wie's Katzelmachen«.**

Gerade in Süddeutschland hört man weitere Brezel-Redensarten, die sich langsam auszubreiten scheinen. Dazu gehört vor allem **»sich aufbrezeln«** für »sich in Schale werfen«, wohingegen **»es derbrezelt/zerbrezelt jemanden«** für »es verunfallt jemand« noch deutlich der Dialektsphäre angehört. Das gilt ebenso für den bildstarken Ausdruck **»Brezensoizer«** (Brezensalzer) im Sinn von »jemand mit untergeordneter Arbeit und dementsprechend geringer Reputation«. Das Salzen der Brezeln erforderte ja wahrlich keine Lehrzeit. So hört man empörte Menschen in Bayern rufen: »I bin doch ned dem sei Brezensoizer!«

das Bäckerexamen machen

Bedeutung: aus dem Fenster schauen/faulenzen

Hintergrund: Die Redensart gehört zum großen Bereich des Handwerkerspotts. Da die Bäcker ihre Arbeit zu nachtschlafender Zeit verrichteten und ihre Ware oft bis Mittag verkauft war, sah man sie nachmittags, wenn andere tätig waren, Ruhe halten und sagte ihnen deshalb Faulheit nach. Wer ebenfalls untätig am Fenster gesichtet wurde, musste sich daher den Spott anhören, er bereite sich wohl aufs **»Bäckerexamen«** vor, also auf die Prüfung im Faulsein.

kleine(re) Brötchen backen müssen

Bedeutung: sich bescheiden müssen, in bestimmter Hinsicht zurückstecken müssen

Hintergrund: Im Gegensatz zum heutigen Gebrauch verstand man die längste Zeit »Brötchen« durchaus auch als Verkleinerungsform von Brot. Wie das Brot für Lohn oder Nahrung überhaupt stand, so konnte »Brötchen« für eine geringere Stufe derselben stehen. Besonders gern wendet man heute die Redensart auf Leute an, die großspurigen Ankündigungen deutlich reduzierte Realisierungen folgen lassen.

Möglicherweise spielt auch das alte Misstrauen gegenüber Bäckern hinein, denen man ja oft vorwarf, zu geringgewichtige Backwaren zu verkaufen. Viele Quellen beschreiben, wie betrügerische Bäcker ertappt und bestraft wurden, oft durch das Untertauchen in Flüssen vor johlenden Zuschauern. Noch 1959 kaufte die Politikerin Hildegard Hamm-Brücher bei einigen Münchner Bäckern Semmeln ein und nahm sie mit in den

Landwirtschaftsausschuss des Bayerischen Landtags, wo sie vor aller Augen mit einer Briefwaage eine nach der anderen wog. Es stellte sich heraus, dass sie zwischen 36 und 51 g wogen, aber alle 8 Pfennige kosteten, wie die Münchner »Abendzeitung« am 28.10. berichtete. Ein Bäcker in Nöten war sicher gezwungen, aus derselben Menge Mehl mehr, also kleinere Brötchen zu backen.

Neben all dem kann ein Handwerksspott dahinterstecken, findet man doch in Wanders großer Sprichwortsammlung: **»Bäcker sind die besten Baumeister, sie bauen aus kleinen Semmeln große Häuser.«**

weggehen / sich verkaufen wie warme Semmeln / geschnitten Brot / frische Weggli

Bedeutung: Etwas verkauft sich sehr gut.

Hintergrund: Natürlich geht frische Ware, die noch warm vom Backen ist, sehr gut weg und ist rasch ausverkauft. Semmeln vom Vortag kannte man dagegen als ein typisches Bild für etwas Unerwünschtes oder Langweiliges.

Wie früh die Redensart gang und gäbe war, belegt der Komponist Carl Philipp Emanuel Bach, der 1776 an seinen Verleger Breitkopf schrieb: »Meine Sonaten ... gehen ab, wie warme Semlen bey der Börse auf dem Naschmarkte ...« Der Spruch von den **»frischen Weggli«** ist einfach die schwyzerdütsche Entsprechung der **»warmen Semmeln«.**

Die Neuerung, in Bäckereien Brot auch in Scheiben zu verkaufen, galt bei ihrer Einführung als so modern, dass sie zur Variante **»wie geschnitten Brot«** führte. Ach ja, im Englischen sagt man zu etwas nicht so besonders Aufregendem, es sei *not quite the best thing since sliced bread.*

ein Bäckerdutzend

Bedeutung: dreizehn

Hintergrund: Angeblich gaben Bäcker Kunden, die ein Dutzend Backwaren verlangten, 13 Stücke, um dem Vorwurf zu entgehen, zu geringgewichtiges Backwerk verkauft zu haben. Wahrscheinlicher ist, dass sie sich mit dieser traditionellen Dreingabe gute Kunden warmhalten wollten. Vielleicht fragen Sie beim Einkauf von zwölf Kümmelbrötchen oder Nougatringen mal ganz unschuldig nach diesem löblichen Brauch ...

von Kuchenbacken auf Arschbacken

Bedeutung: plötzlich, radikal, überraschend das Thema wechseln / assoziativ denken

Hintergrund: Das Wortspiel mit dem Gleichklang der Tätigkeit »backen« mit »Backen« als Bezeichnung von Körperteilen ist alt. Früher zumeist in Dialekt und Umgangssprache daheim, hat sich die Redensart längst in viele weitere Sphären verbreitet.

grinsen / sich freuen / strahlen wie ein Honigkuchenpferd

Bedeutung: über das ganze Gesicht lachen, übertrieben grinsen, dümmlich lächeln

Hintergrund: Das hübsche Gebäck kann man bis heute auf praktisch allen Weihnachtsmärkten kaufen. Bäcker formten aus gutem Leb- oder Pfefferkuchenteig ein flaches Pferd, manchmal mit Schaukelkufen, und versahen es dekorativ mit Zuckerguss. Das Maul war fast immer nur ein nach oben gebogener weißer Zuckerguss-Strich. Der ließ das Pferd so aussehen, als lächele es unentwegt. So ein Dauerlächeln stand dem Gebäck, steht Menschen aber eher schlecht zu Gesicht. Sie wirken albern, dümmlich.

So verwendet man die Redensart nicht nur für freudestrahlende Zeitgenossen, sondern oft auch als tadelnde Aufforderung: »Nun hör mal auf zu grinsen wie ein Honigkuchenpferd!«

jemandem die / sich von der Schokoladenseite zeigen

Bedeutung: guten Eindruck machen wollen, seine besten Eigenschaften erkennen lassen

Hintergrund: Von Gebäuden, von Waren und vielem anderen gibt es eine Ansichtsseite, die alle Vorzüge zeigt. Das gilt natürlich auch für Gebäck. Ist eine Seite davon mit Schokolade überzogen, überdeckt deren schön braune Glätte einerseits alle Fehler und Unebenheiten, reizt andererseits mit ihrer Süße und ihrem Glanz zum Kauf. Das übertrug man dann auf Menschen, denen man ja auch schon lang allerlei Seiten zuspricht: Man denke nur an **»komm an meine grüne Seite«**.

ein Schuss in den Ofen

Bedeutung: ein totaler Fehlschlag, eine Fehlentscheidung, eine unnütze, die Absicht verfehlende Tat

Hintergrund: Wie der noch beliebtere **»Griff ins Klo«** gehört diese Redensart zu den vergleichsweise jungen und ist eines der vielen Synonyme für den traditionellen **»Schlag ins Wasser«.** Nach dem Zweiten Weltkrieg erst wird die Redensart fassbar und bedeutet zunächst noch sehr Unterschiedliches, wie man Heinz Küppers »Illustriertem Lexikon der deutschen Umgangssprache« entnehmen kann: ein »sehr modisch gekleidetes Mädchen«, »eine aufregende Sache«, »eine Fehlleistung«, »ein Blindgänger«.

Nun nennt man seit Jahrhunderten im Bäckerhandwerk das Einschieben der Brote in den Ofen »Einschießen«, und das Brett oder besser die Schaufel mit langem Stiel, die man dafür benutzte, hieß »die Schieße« oder »Brotschieße«. Das In-den-Ofen-Schießen kannte man also schon sehr lange, aber es wurde nicht sprichwörtlich. Vielleicht auch, weil es schon ähnliche Redensarten gab wie den noch heute geläufigen **»Schuss ins Blaue«** und **»einen Schuss in den Himmel tun«.** Während im ersten Fall ein Erfolg des ungezielten Schusses immerhin möglich ist, ist der Schuss im zweiten Fall sinnlos.
Eine eindeutige Erklärung von **»ein Schuss in den Ofen«** ist zwar nicht möglich, aber so viel kann man doch vermuten: Bäckerredensarten und -gewohnheiten bilden den Hintergrund. So erklärt sich die Bedeutung »sehr modisch gekleidetes Mädchen« aus den Backwaren, die im Ofen knusprig werden und zum Anbeißen sind. Darauf weist auch die Variante **»ein Schuss im Ofen sein«** hin.

Die Bedeutung »Fehlleistung« lässt sich aus der synonymen Redensart **»in den kalten Ofen blasen«** herleiten. Wer Brot in den kalten Ofen einschösse, täte etwas in der Tat Sinnloses. Und nun kann man sich noch eine Übertragung auf das Schießen vorstellen. Dann könnte aus dem **»Schuss in den Himmel«** ein **»Schuss in den Ofen«** werden. In diesem Sinne wörtlich genommen, hat man ein witziges Sprachbild, sieht man ja geradezu den Ruß stäuben und hört den Knall im Ofeninneren doppelt laut. Eine Hypothese bleibt es aber. Wer also frühe Belege der Redensart findet, schreibe gern eine Mail an dr.essig@web.de.

nicht ganz gebacken sein, etwas nicht gebacken kriegen

Bedeutung: dämlich/vernunftlos sein, etwas nicht fertig/zustande bringen

Hintergrund: Die Redensarten und Varianten beziehen sich sowohl auf das Bäckerhandwerk selbst wie auf das Backen von Lehmziegeln, Tongefäßen etc. Das Unfertige weist in allen Fällen auf Mängel hin, die sich leicht auf fehlenden Verstand beziehen lassen, da es viele ähnlich gebildete Redensarten gibt wie **»nicht ganz bei Trost sein«, »nicht recht bei Verstand sein«** und das ganz direkt mit dem Backen zusammenhängende **»nicht ganz knusper sein«.** Unvollständig Gebackenes ist außerdem weich – ob Teig oder Lehm. Wenn das nicht zur sprichwörtlich »weichen Birne« eines dümmlichen Menschen passt …

Was zünftig und handwerklich perfekt gebacken ist, steht dagegen für allerlei Gutes und Lobenswertes. Wem jenes nicht gelingt, wird verspottet, zumal es ja schon erwähnte Redensarten gibt, welche die Leichtigkeit des Backens beschreiben: **»Das geht wie's Brezelbacken.«**

In der Umgangssprache und im Dialekt kommen reichlich Varianten vor, zum Beispiel **»ned ganz ausbacha sei«** im Bayerischen, das »nicht ganz bei der Sache sein« oder »nicht ausgeschlafen sein« bedeutet.

nicht aus Zucker gemacht sein

Bedeutung: unempfindlich sein, viel abkönnen – besonders Regen, Schnee, Hagel, Graupel

Hintergrund: Gegen Ende des 19. Jahrhunderts erst kam die Redensart auf, die besonders gern pädagogisch eingesetzt wurde. Jammerten Kinder, weil es zu regnen begann, hörten sie von Vater, Mutter, Tante, Bedienten**: »Du bist doch nicht aus Zucker gemacht.«**

Das konnte in ermahnendem Ton gesprochen werden, aber auch in tröstlichem. Zuckerwaren des Konditors, vor allem kunstvoll verzierte, durften wirklich nicht feucht oder gar nass werden. So konnten die Kinder denken: »Ein Glück, dass es mir mit meiner Kleidung und mit meinem Körper nichts ausmacht.« Natürlich konnten sie auch denken: »So ein Zuckerwerk steht für überempfindliche Kinder, also erwartet man von mir, dass ich das Lästige einfach aushalte.«

DIE GEBÄRMUTTER ALS BACKOFEN

In derbster Weise tischt Friedrich Schiller in seinem Drama »Die Räuber« gleich im 1. Akt das Bild auf: »Das ist dein Bruder! – das ist verdolmetscht: Er ist aus eben dem Ofen geschossen, aus dem du geschossen bist – also sei er dir heilig!« Wo sonst vom »Einschießen« der Brotteiglinge in den Backofen die Rede ist, gibt es hier ein entsprechendes Wort für das Herausholen, was den Geburtsvorgang wie ein kalt mechanisches, ja gewaltsames Ereignis erscheinen lässt.

Es ist wahrlich nicht das erste Mal, dass die weiblichen Geschlechtsorgane, besonders die Gebärmutter, mit einem Backofen verglichen werden. Von Menschen eines Schlags sagte man längst **»Sie sind in einem Ofen gebacken«.** Eine Geburt beschrieb die Redensart **»Der Ofen ist eingefallen«,** eine kurz bevorstehende **»Der Ofen will einfallen«.** Und **»in Nachbars Ofen backen«** hieß dementsprechend »Sex mit der Nachbarin haben«.

Gut möglich, dass außer einer bloß äußerlichen Verbindung bauchiger Öfen mit dem Bauch der Schwangeren auch ein heiterer Bezug auf den biblischen Schöpfungsvorgang eine Rolle spielte. Da formt Gott die Menschen ja auch aus Lehm, und üblicherweise muss der erst noch gebacken werden, um Festigkeit zu bekommen. So spricht man auch vom **»frischgebackenen Ehemann«** oder der **»frischgebackenen Meisterin«,** und Unzufriedene verspottet man mit: **»Für dich muss eine/-r erst noch gebacken werden.«**

Man kann die Gleichsetzung von Gebären und Backen nun seltsam finden, sie als ärgerlich abschätziges Geschwätz von Machos verurteilen, aber vielleicht denkt man auch an die Wärme und den Schutz des Mutterleibs, nach der wir uns – wie mancher meint – ein Leben lang zurücksehnen.

PS: Natürlich lag die Übertragung auf den Bratofen nahe, woraus sich Redensarten für schwanger wie **»einen Braten im Ofen haben«** erklären.

WAS TORTE UND TORTUR GEMEINSAM HABEN

In unserem Alltag kommt das eine als erfreulich feister Magentrost vor, das andere zum Glück in der Regel lediglich sprichwörtlich. **»Das war eine wahre Tortur«** sagt man und denkt dabei meist nicht an Folterwerkzeuge wie Streckbank oder Daumenschrauben. Vom lateinischen Wort *torquere* für »drehen, verdrehen« kam die Bezeichnung über das Französische zu uns. Denselben Hintergrund und Weg hat die ältere Redensart, die nach 400 Jahren Erfolg ab dem Zweiten Weltkrieg rasch an Beliebtheit verlor, **»jemandem einen Tort antun«.** Sie bedeutete vor allem »jemanden beleidigen / jemandem Unrecht, Kränkung oder Verdruss zufügen«.

Selbst wer **»nicht die hellste Kerze auf der Torte ist«** – die Redensart spielt mit dem Vergleich von »helle sein« für »klug sein« – fragt sich, ob das etwas mit dem süßen, sahnigen, buttercremigen Konditorenprodukt zu tun haben könnte. Es ist wahrscheinlich so, jedenfalls wenn man die spätlateinische Form *torta* für »rundes Brot« als Ursprung annimmt, die wiederum wohl ebenfalls auf *torquere zurückgeht*.

Und was hat es mit dem Tortendiagramm auf sich, von dem die Gestalter von Statistiken nie genug kriegen können? Dessen Erfinderin war höchstwahrscheinlich die geniale Statistikerin und Expertin für Hygiene, Krankenhaus-Organisation und Gesundheitssysteme Florence Nightingale, die mit einem solchen Schaubild bereits die Todesursachen britischer Soldaten im Krimkrieg 1854–56 eindrucksvoll darstellte. Todesfälle wegen mangelnder Hygiene sah man dort als breite Segmente, Tod nach Verletzungen oder im Kampf dagegen als winzige Stücke. Gerade mit solch anschaulichen Darstellungsmitteln gelang es Nightingale, die sturen Militärs zu mehr Hygiene zu bringen.

Bleibt noch der schöne Ausdruck **»das größte Stück vom Kuchen kriegen/abschneiden«,** das spätestens 1805 durch eine beliebte Karikatur James Gillrays europaweit geläufig wurde. Darauf sah man den britischen Premierminister William Pitt d. J. und Napoleon an einem Tisch, wie sich beide riesige Stücke einer Weltkugel absäbeln, die als »Plumpudding« zwischen ihnen dampft.

wie aus der / das gehört in die Bäckerblume

Bedeutung: seicht, unerheblich

Hintergrund: Es gibt in Deutschland viele Gratiszeitschriften. Die bekanntesten sind die »Apotheken Umschau« – unter Ärzten auch als »Rentner-Bravo« bekannt – und die »Bäckerblume«, vormals »Bäckerkurier«. Wegen ihrer Aufgabe, ein sehr breites Publikum anzusprechen, sahen Leser und vor allem Journalisten schon immer auf das Mitnahmeblatt der Bäckereien herab. In den Medien entstanden wohl auch die spöttischen oder vorwurfsvollen Redensarten zuerst. Als banal oder schlecht empfundene Artikel klassifizierte man mit: **»Das gehört höchstens in die Bäckerblume!«** Mitarbeitern, die so etwas verfassten, sagte man nach, sie hätten **»wohl in der Bäckerblume gelernt«**, oder prophezeite, sie **»landeten bald in der Bäckerblume«.**

Von da aus war es nur ein kleiner Schritt, auch außerhalb der Redaktionen alles Unerhebliche, Unglaubwürdige, Seichte mit dieser Zeitschrift in Verbindung zu bringen, ob es nun hieß **»Das hast du wohl in der Bäckerblume gelesen«** oder **»Das ist ja Niveau Bäckerblume«.** In Satiresendungen und Comedy-Shows spielt man ebenfalls häufig mit ihrer sprichwörtlichen Unerheblichkeit.

Pustekuchen! / Ja, Kuchen!

Bedeutung: Aber nein! Nicht, wie du denkst! Da hast du dich geirrt!

Hintergrund: **»Jemandem etwas husten«** oder **»pusten«** bedeutet, ihm etwas abzuschlagen. Lehnt man also Kuchen ab, wenn man **»Pustekuchen!«** sagt? Wohl eher nicht.

Mit großer Wahrscheinlichkeit hat das Wort nicht einmal etwas mit dem ähnlichen Ablehnungsruf **»Ja, Pusteblume!«** zu tun, sondern geht auf das Rotwelsche zurück. Dort gibt es das Wort *kochem*, das mit dem jiddischen *chochem* verbunden ist und »klug, wissend« heißt. Daraus machte das Volk einen Kuchen; *puse* aber heißt »leer« und *poschut* »wenig«, woraus der Ausdruck *puse/poschut kochem* werden konnte, also »leer klug« oder »wenig klug«, was als Ablehnung schon denkbar wäre.

Und wenn man auf dem Markt öfters *poschut kochem* hörte, konnten Passanten durchaus auf »Pustekuchen« kommen, weil es ja **»jemandem etwas pusten«** bereits gab; jedenfalls eher, als auf Kuchen zu pusten.

Leute machen Kleider

Stoffverarbeitung: Weberei, Färberei, Schneiderei

Wie erstaunlich, dass eines der ältesten Handwerke mit unserem modernen Alltag direkt zu tun hat! Wann genau das Weben von Stoffen erfunden wurde, weiß man nicht, aber es geschah wohl vor über 30 000 Jahren und ist damit älter als das Töpferhandwerk.

Wenn man sich nun Visualisierungen des World Wide Web ansieht, erkennt man sofort, warum es seinen eingängigen Namen zu Recht trägt, ähnelt es doch einem feinen Gewebe mit knotenartigen Verdickungen. Selbst das Wort »Internet« bezieht sich bildlich auf Fisch-, Jagd- oder Tragnetze, die traditionell meist in Knotentechnik hergestellt wurden und die berühmten sprichwörtlichen Maschen aufweisen wie in **»durch die Maschen des Gesetzes geschlüpft sein«.** Hier entkommt jemand wie ein Beutetier dem Fangnetz, weil die Maschen zu groß sind. Das ist nicht zu verwechseln mit dem gleichlautenden Wort »Masche« in der Redensart **»Das ist eine alte/neue Masche«.** Es entstammt dem Hebräischen, Jiddischen und Rotwelschen. Einerseits spielt wohl *masel* für »Glück, glückliche Gelegenheit« hinein, andererseits aber das jiddische *mezio*, das »Lösung, Fund, Erfindung« heißt. Beides beeinflusste die Verwendung von »Masche« im Sinn von »Trick« und »geschickte Vorgehensweise«. Von hier aus erklärt sich »die alte Masche« als eine zu oft angewendete und damit langweilige Vorgehensweise.

Das Weben schaute man sich vielleicht von der Natur ab. Da gab es Schafe mit ineinandergefilzter Wolle oder Spinnen, denen man beim Spinnen ihrer Netze zusehen konnte. Und außer den Webervögeln beherrschen noch viele weitere Tiere das feinmaschige Verbinden von Fäden, Gräsern oder Samenfasern.

In unserer Alltagssprache unterscheiden wir kaum zwischen den diversen Verknüpfungstechniken, so auch im Bereich der sprichwörtlichen Redensarten, wo Stricken, Weben, Häkeln, Spinnen, Nähen, Knüpfen und Flechten vorkommen und gern verwechselt werden. Deshalb hört man **»mit heißer Nadel gestrickt«** am häufigsten, obwohl es korrekt **»mit heißer Nadel genäht«** heißen müsste. Es könnte sich bei der Redensart um eine Verkürzung eines längeren Ausdrucks handeln. Man sagte früher beim Aufgehen einer Naht: **»Der Schneider hat mit der heißen**

Nadel genäht.« Moderne, hochwertige Zelte müssen mit kalter Nadel genäht werden, weil sonst das Gewebe um den Faden schmilzt und die Naht undicht wird.

Übrigens lesen Sie gerade ein Geflecht oder Gewebe, geht doch das Wort »Text« auf das lateinische Wort *texere* zurück, das »weben, flechten« heißt und auch Basis für die Bezeichnung »Textilien« ist. Die Kleidung stellte man früher oft selbst her, zumindest deren Stoffe, wozu Spinnräder und Webstühle in Millionen Stuben surrten und klapperten. Diese Tatsache steckt auch hinter der bekannten stehenden Wendung: **»Da beißt die Maus keinen Faden ab.«**

Der Satz macht klar, dass an etwas nichts geändert wird, dass alles genauso bleibt, wie es ist. Das hat mit der heiligen Gertrud von Nivelles zu tun. Sie gilt als Schutzpatronin gegen Getreideschädlinge wie Ratten und Mäuse. Deshalb stellt man sie oft von Mäusen umgeben dar. Ihr Heiligentag ist der 17. März, der für Bauern einst die Scheide zwischen Winter- und Frühjahrsarbeit war. Im Winter beschäftigte man sich im Haus, wozu das Weben und Spinnen gehörte. Das sollte am Gertrudstag aufhören, stattdessen die Feldarbeit beginnen. Dafür gab es Merkverse wie: »Gertrud mit der Maus treibt die Spinnerinnen aus.« Oder: »Am Gertraudstag läuft die Maus am Rocken [Ballen des zu verarbeitenden Spinnguts] hinauf und beißt den Faden ab.« Der Wechsel der Jahreszeiten bedingte den Wechsel der alltäglichen Tätigkeiten, woran nun mal nichts zu ändern war. Städter übernahmen die amüsante Redensart verkürzt, weil sie den Hintergrund nicht kannten. Für sie ging es nur darum, dass nichts geändert wird. Nicht einmal so viel, wie eine kleine Maus von einem kleinen Faden abbeißen kann.

Übrigens: Wie bei anderen Sparten auch gibt es zahlreiche Redewendungen, die sich zwar auf ähnliche Tätigkeiten wie in den Stoff-Handwerken beziehen, aber eher im häuslichen Bereich anzusiedeln sind, so **»aus dem Nähkästchen plaudern«** für »Vertraulichkeiten mit jemandem teilen, Hintergründe verraten«, **»einfach gestrickt sein«** für »eine naive Natur sein«, **»etwas ausbügeln«** für »etwas in Ordnung bringen« oder **»jemandem einen Knopf an die Backe nähen«** für »jemanden totquatschen«, »jemanden für dumm verkaufen« oder »anlügen«.

spinnen, einen Webfehler haben

Bedeutung: unvernünftig handeln oder denken, verrückt sein

Hintergrund: Das Erzählen verglich man seit der Antike mit dem Spinnen eines (Erzähl-)Fadens. Außerdem unterhielten sich Spinnerinnen bei der Arbeit gerne mit Märchen, Anekdoten und Gerüchten, die aus der Sicht männlicher Vernunft als bloß erfunden, wunderlich und leicht verrückt beurteilt wurden. Das erklärt Redewendungen wie **»verworrene Fäden spinnen«** oder **»etwas aus seinem Hirn spinnen«,** was auch zum Wort **»Hirngespinst«** für Illusionen, törichte Pläne und Visionen führte. Man stellte sich vor, dass jemand Gedanken wie Fäden spinne, die aber verworren und durcheinander waren wie ein Fadenwirrwarr. Das verkürzte sich rasch zu **»spinnen«** für »verrückt sein«.

sich verheddern, sich verhaspeln, den Faden verlieren

Bedeutung: beim Reden in Verwirrung geraten, sich versprechen, den Gedankengang verlieren

Hintergrund: Hier geht es um die Gewinnung von spinnbaren Fasern. Dabei diente die Hechel, eine Art engzinkiger Eisenkamm, zum Reinigen, Glätten und Parallelisieren von Fasern, die über die Metallspitzen gezogen wurden. Neben den erwünschten längeren Fasern entstanden kurzfasrige, die in den Zinken der Hechel blieben. Diese nannte man »Hede« und verwendete sie beispielsweise zur Abdichtung von Rohren. Die dichte, wirre, kompakte Masse an Fasern vergleicht die Redewendung mit einer verwirrten Rede, in der man sich **»verheddert«.**

Die gleiche Bedeutung hat **»sich verhaspeln«,** was auf das vielarmige Werkzeug Haspel zurückgeht. Es dient dazu, Garne und Fäden in geordneter Weise aufzunehmen. Ging dabei etwas schief, entstand ein Durcheinander, was man mit dem Verwirren des Redefadens verglich.

etwas anzetteln, sich verzetteln

Bedeutung: etwas initiieren, durch zu viele Tätigkeiten durcheinandergeraten

Hintergrund: Jeder kennt das Wort »Zettel« als Bezeichnung für ein Blättchen Papier. Es leitet sich her vom lateinischen Wort *cedula* für

»Urkunde« oder »Bescheinigung«. Bei uns verwendet man es seit etwa dem 18. Jahrhundert im heutigen Sinn.

Die Redensart **»sich verzetteln«** für Leute, die wegen zu vieler Tätigkeiten nichts richtig hinbekommen, hat dagegen mit dem althochdeutschen Wort *zetten* zu tun. Das hieß »ausbreiten«, dann auch »ausstreuen/verstreuen«. Wer »sich verzettelte«, der war zerstreut wie seine zu vielen, gleichsam wirr ausgestreuten Tätigkeiten.

Im Sinne von »ausbreiten« entstand auch das **»Anzetteln«** in der Fachsprache der Weber. Zu Beginn des Webens zog man die Längsfäden, die Zettel, in den Webstuhl ein, womit man die Breite des Gewebes bestimmte. Dieser erste Schritt des Webens hieß nach den Fäden **»anzetteln«.** Von hier aus entwickelte es sich zur Redensart für das Beginnen überhaupt. **»Einen Streit anzetteln«** heißt also »einen Streit beginnen«.

nach Strich und Faden, fadenscheinige Argumente

Bedeutung: außerordentlich / ganz besonders, durchsichtige/manipulierende Argumente

Hintergrund: Beide Redensarten haben mit Gewebe zu tun. Dabei entstammt **»Strich und Faden«** der Fachsprache der Weber und bezeichnet die Längs- und Querfäden sowie deren Bindung und Haptik. Die Meister der Weberzünfte untersuchten Stoffe sehr genau darauf, ob sie in dieser Hinsicht den hohen Qualitätsansprüchen genügten, was man **»nach Strich und Faden prüfen«** nannte. Von der besonders genauen Prüfung her entwickelte sich **»nach Strich und Faden«** zu einem Verstärkungsausdruck allgemeiner Art, sodass man heute auch jemanden **»nach Strich und Faden betrügen«** kann.

Ein schlampig hergestellter Stoff, erst recht lange getragene Wollkleidung lässt die Längsfäden und damit die tragende Grundstruktur eines Gewebes erkennen. Das übertrug man auf Argumentationsformen, bei denen die – in der Regel eigennützige oder manipulative – Absicht klar zutage trat. Man spricht ja auch von »durchsichtigen« Argumenten.

Manche meinen, dass auch die Redensart **»alle Fäden in der Hand halten«** aus dem Weberhandwerk stamme, doch spielt hier wohl das Führen von Marionetten eher eine Rolle, die willenlos der Hand folgen müssen, welche die Fäden in der Hand hält.

keinen guten Faden an jemandem lassen

Bedeutung: jemanden stark kritisieren, nur Negatives über ihn sagen

Hintergrund: Man könnte meinen, es gehe lediglich um den Faden als Sinnbild für etwas Kleines, doch stammt die Redensart wiederum aus der Weberfachsprache. Fiel ein Lehrling oder Geselle bei der genauen Überprüfung durch den Meister mit Pauken und Trompeten durch, so sagte man: **»Es wurde kein guter Faden gefunden.«** Eine totale Pleite also – bis ins Detail. So eine rigide und penible Überprüfung empfand der Volksmund als übergenau, wodurch es zur negativen Redensart kam.

Eine andere Redensart, in welcher der dünne Faden für dickes Ungemach steht, ist bis heute sehr beliebt: **»Keinen trockenen Faden am Leibe haben«** für »völlig durchnässt sein«.

Schönfärberei sein / schönfärben

Bedeutung: Etwas wird beschönigt / etwas unrichtig gut darstellen

Hintergrund: Das Färberhandwerk teilte sich noch im Spätmittelalter in zahlreiche Spezialbereiche auf, so in die Blaufärber, von denen noch die Rede sein wird, die Schön- und die Schwarzfärber.

Weil die Schönfärber die Kunst verstanden, Stoffe besonders leuchtend, vor allem in Rottönen, zu färben, und auch weniger hochwertige durch strahlende Farben wertvoller erscheinen zu lassen, ergab sich um 1800 die negative Redensart. Das Schwarzfärbehandwerk dagegen, das Stoffe haltbar schwarz färben konnte, blieb ohne sprachliche Folgen – im Gegensatz zu den Malern, die alles in dunklen Tönen wiedergaben und als **»Schwarzmaler«,** also Pessimisten, sprichwörtlich wurden.

in der Wolle gefärbt sein

Bedeutung: (besonders in Bezug auf politische und religiöse Überzeugungen) durch und durch, echt, überzeugt, unverfälscht, dauerhaft

Hintergrund: Lange vor der Waschmittelwerbung schätzte man die Farbechtheit bei Stoffen. So sprach man bis vor gut 200 Jahren davon, dass jemand **»die Farbe halte«,** wenn man ihn für unverbrüchlich treu erklärte. Selbst Laien ist klar, dass unverarbeitete Wolle im Farbbad mehr und tiefer in den Fasern Farbe annehmen kann, als wenn sie versponnen ist oder gar erst zu Tuch gewebt. So war **»in der Wolle gefärbt«** wahrscheinlich ursprünglich ein handwerklicher Qualitätsbegriff für besonders farbechte Stoffe, der dann sprichwörtlich wurde. Zuerst allerdings wurde er offenbar auf schlechte Leute bezogen. So charakterisiert Nicolaus Gryse 1604 in seiner niederdeutschen Laienbibel einen üblen Burschen so: »Ein dorchdreuener, drehariger schalck, so in de wulle gefaruet.« Übersetzt: »Ein durchtriebener, frecher Schalk, der in der Wolle gefärbt.« Und auch schon hundert Jahre vor ihm benutzte Johann Geiler von Kayserberg den Ausdruck sprichwörtlich in Bezug auf »lasterliche menschen ... die in der wollen geferbet seind«.

Interessanterweise findet man außerordentlich viele Stellen, die besonders treue Protestanten als **»in der Wolle gefärbt«** bezeichnen, und tatsächlich hieß **»von der nämlichen/gleichen Farbe sein«** bis vor etwa 200 Jahren nicht nur »einer Meinung sein«, sondern auch »der gleichen Konfession angehören«.

blaumachen / einen blauen Montag machen

Bedeutung: grundlos und absichtlich der Arbeit fernbleiben

Hintergrund: Beide Wendungen sind beliebt, und für beide existiert eine unüberschaubare Menge an Erklärungen, wobei man sich mit gewissem Recht auf das Färberhandwerk bezieht. Beim Blaufärben mit Färberwaid musste man den Stoff mindestens einen halben Tag im Farbbad lassen. Danach galt es, ihn an der frischen Luft noch einmal zwölf Stunden zu trocknen und anschließend zu schlagen, bis Oxydationsprozesse aus der zuerst noch gelben oder grünen Farbe Blau gemacht hatten. Am arbeitsfreien Sonntag ließ man den Stoff im Farbbad und nahm ihn erst montags früh heraus. Weil dann zwölf Stunden Oxydieren folgten, hatten die Blaufärber an Montagen nach einem Sonntagsfarbbad frei. Dass sie deshalb frei hatten, weil sie unmäßig getrunken hatten, um genug Urin produzieren zu können, der ein Grundstoff fürs Färben war, ist lediglich eine nett erfundene Geschichte.

Wie so oft greifen wohl unterschiedliche Traditionen ineinander, welche die Redensart entstehen ließen und lebendig hielten. Eine davon ist der »gute Montag«, den es seit dem hohen Mittelalter in sehr vielen Gegenden des Deutschen Reichs gab. Es handelte sich um einige Montage im Jahr, an denen die Gesellen frei bekamen, um sich zu erholen, um

Zeit für ein Bad zu haben oder die Gesellenvereinigung abzuhalten. Der Montag bot sich an, weil er seit je als Gerichtstag üblich war, an dem nicht gearbeitet wurde. Aber auch bei hohen Kirchenfesten war er als zweiter Feiertag gebräuchlich, so der Oster- oder der Pfingstmontag.

Den Stadtoberen und den Meistern war der »gute Montag« ein Dorn im Auge, denn sie befürchteten – oft nicht zu Unrecht –, dass die Gesellen die freie Zeit nutzen könnten, um zu tanzen, zu trinken und zu tändeln.

Seit Mitte des 17. Jahrhunderts findet man dann für den »guten Montag« und den angeblichen Missbrauch desselben den Ausdruck »blauer Montag« im Schriftgebrauch, der aber sicher älter ist. Die Bezeichnung bezog sich wohl auf die strenge Kleiderordnung. Für Bauern und Handwerker, die im Alltag graue und braune Kleidung trugen, war blaue nur am Feiertag erlaubt. In diesem Sinn versteht man den Vorwurf an Gesellen, sie machten durch unerlaubtes Feiern den »guten Montag« zu einem **»blauen Montag«.** Und daraus könnte dann auch **»blaumachen«** für »krankfeiern« etc. entstanden sein. Eine letzte Erklärungsvariante ist noch denkbar, die mit dem jiddischen Wort *belo* zu tun hat, das im Rotwelschen zu »blau« wurde und einfach »ohne« heißt. Dann hieße der »blaue Montag« der »Montag ohne«, ohne Arbeit nämlich.

etwas ummodeln

Bedeutung: etwas umwandeln, verändern (oft negativ bewertet)

Hintergrund: Wenn jemand rasch, ohne Sorgfalt und besondere Qualitätsansprüche etwas verändert, spricht man oft vom **»ummodeln«.** Die sprichwörtliche Bedeutung fußt auf dem Fachbegriff »Model«, der Hohlformen bezeichnet, die manchmal ein Modelleur herstellte.

Model sind bis heute in unterschiedlichen Handwerken gebräuchlich, so in der Bäckerei, beispielsweise für Spekulatius und Lebkuchen, oder im Stoffdruckhandwerk. Hier bringt man mit farbbehandelten Modeln Muster auf die Stoffe auf. Es handelt sich meist um Holz- oder Metallformen, welche die gewünschten Muster in immer gleicher Weise zu reproduzieren erlauben. Im handwerklichen Bereich entstand das Verb »modeln«, das erst »nach einem Muster gestalten« und dann »kleine Veränderungen anbringen, umgestalten« hieß. Es war die Vorform für »ummodeln«, und weil es nur unbedeutende Veränderungen waren, erklärt sich die leicht negative Bedeutung.

jemanden in die Mangel nehmen

Bedeutung: jemanden unter Druck setzen, beispielsweise, um Informationen von ihm zu erhalten

Hintergrund: Das Wort »mangeln« geht auf Katapulte des römischen Heeres zurück, die man spätlateinisch *manganum*, mittelhochdeutsch *mange* nannte. Am unteren Ende des Wurfarms verliehen schwere Kästen voller Steine dem Geschoss am oberen Ende den nötigen Schwung.

Bei der Tuchherstellung verwendeten Blaudrucker und andere Stoffveredler seit dem späten Mittelalter ebenfalls tonnenschwere Steinkästen mit Rollen darunter, um mithilfe ihres gewaltigen Drucks Stoffe zu plätten. Dadurch erhielten sie einen schönen Glanz. Nach dem Namen der kriegerischen Wurfmaschinen mit ihren Steinkästen nannte man auch die Steinkästen im Handwerk »mange« und bald die ganze Einrichtung zum Plätten »Mangel«.

In verkleinerter Form setzte man Mangeln in Wäschereien oder im Haushalt ein, oft als Maschinen mit Kurbel und zwei Rollen. Dabei ging es zuallererst um das Ausquetschen von Wasserresten aus nassen Wäschestücken. Im Gauner- und Polizeijargon übertrug man das auf die intensive Befragung, bei der man jemanden unter Druck setzte, um Informationen aus ihm herauszuquetschen.

gut betucht sein

Bedeutung: wohlhabend sein

Hintergrund: Fälschlich beziehen viele die Redensart auf reiche Leute, die teure Kleidung tragen, weil sie an das Wort »Tuch« für »Stoff« denken. Dabei geht es in Wirklichkeit um einen Ausdruck aus dem Rotwelschen, der sich wiederum auf das hebräische *batuach* und das jiddische *betuch* bezieht. Die ursprüngliche Bedeutung »sicher, vertrauenswürdig« veränderte sich in der Gaunersprache zu »reich«. Wahrscheinlich hing es auch damit zusammen, dass vertrauenswürdige Leute oft bürgten, und als Bürgen akzeptierte man in aller Regel nur wohlhabende Leute.

etwas geschickt einfädeln

Bedeutung: etwas klug initiieren

Hintergrund: Eine Intrige, ein Plan, aber auch ein Geschäft oder eine politische Verhandlung können **»geschickt eingefädelt«** sein. Klar, dabei geht es um die Schwierigkeit, den Faden beim Nähen erst einmal durchs winzige Nadelöhr zu praktizieren. Vorher kann man nicht loslegen. Deshalb entstand die Redensart in der Bedeutung »etwas fein, diplomatisch, klug in Gang setzen«. Und weil es sich bei Nadel und Faden um so kleine Dinge handelt, passt dazu gut die häufig zu hörende Verbindung **»unauffällig eingefädelt«.**

Dass beim Einfädeln die überschüssige Fadenlänge ebenfalls geschickt gewählt werden muss, kann man sich vorstellen. Ist sie zu kurz, rutscht sie leicht durchs Nadelöhr und man muss erneut das Einfädeln beginnen, ist sie zu lang, verschwendet man Faden; daher das Sprichwort **»Langes Fädchen, faules Mädchen«**.

Apropos einfädeln: Das gelingt mit einem Kamel nicht. Deshalb bedeutet das gern zitierte Jesuswort **»Eher geht ein Kamel durch ein Nadelöhr, als dass ein Reicher in den Himmel kommt«,** dass etwas unmöglich sei – außer bei Gott, was Jesus kurz darauf sagt.

mit heißer Nadel genäht (heute oft falsch: gestrickt)

Bedeutung: ohne Sorgfalt, Überlegung und zu schnell ausgeführt

Hintergrund: Schon 1793 tauchte die Redensart in heutiger Bedeutung in Johann Christoph Adelungs Wörterbuch auf und zwar mit »nähen«. »Stricken« kam erst auf, als man kaum noch selbst nähte, aber Stricken Mode wurde. Jedenfalls versteht man, dass hohe Geschwindigkeit und Eile mit hoher Temperatur assoziiert wurden und dass zu eilige Stiche nicht genau und fest seien. Wie man das verhindern kann, wissen nicht nur gute Schneider. Schließlich kennen die meisten das Sprichwort: **»Doppelt genäht hält besser.«**

DAS SCHNEIDIGE SCHNEIDERLEIN UND REDENSARTEN RUND UM SEINEN BERUF

Schmiede und Schneider treffen wir besonders häufig im Bereich sprichwörtlicher Redensarten an, und nicht umsonst treffen die beiden oft als Gegensatz par excellence zusammen. Während der starke Schmied gern ein dünnes Schneiderlein auffordert, seinen schweren Hammer aufzuheben, verlangt dieses seinerseits vom Schmied, eine feine Nadel aufzuheben. Beiden gelingt es nicht.

Besonders berühmt und sprichwörtlich wurde **»Das tapfere Schneiderlein«,** ein Märchen, dem wir auch die schöne Wendung **»sieben auf einen Streich«** verdanken. Wie sich hier der Spott über eine lächerliche Figur in heitere Hochachtung vor einem Handwerker, der sich zu helfen weiß, verwandelt, ist immer noch lesenswert.

Nur in diesem Märchen ist mit dem Schneiderhandwerk ganz wörtlich Staat zu machen. Das Schneiderlein wird ja am Ende Herrscher. Die meisten seiner Handwerkskollegen waren und blieben dagegen arm. Es mangelte an Aufträgen, weil viele Menschen ihre Kleidung ohne Schneider einfach selbst herstellten oder flickten. So sagte man lange Zeit **»arm wie ein Schneider«, »dünn wie ein Schneider«** und natürlich **»frieren wie ein Schneider«.** Ihre sprichwörtliche Armut ließ auch den Kartenspielbegriff **»im/aus dem Schneider sein«** entstehen, der beim Skat oder Schafkopf bedeutet, weniger bzw. mehr als 30 Punkte zu haben. Ein alter Spott behauptete auch, Schneider wögen höchstens 30 Lot, wobei ein Lot ein Zweiunddreißigstel oder Dreißigstel Pfund war. Ihrer Armut wegen unterstellte man ihnen, »Schmulappen« zu horten. Das aus dem Jiddisch-Hebräischen, dann Rotwelschen stammende *Schmu* für »Betrug« kommt hier zusammen mit »Lappen« für Stoffreste. Schneider fertigten ja aus Tuch, das man ihnen übergab, Kleidung an, und man verdächtigte sie, Übriggebliebenes für sich zu behalten, statt es dem Kunden zurückzugeben.

Ihre typische Haltung – zumindest auf unzähligen Bildern – ist der ebenfalls sprichwörtliche **»Schneidersitz«** mit gekreuzten Unter- und schrägen Oberschenkeln. In alter Zeit sah man sie oft an die Türen der Umgebung klopfen und fast ebenso oft ... vergeblich. Die verachteten Schneider bezahlte man ungern und ließ sie den in manchen

Gegenden noch sprichwörtlichen **»Schneidergang tun«,** einen Gang nämlich, der zu nichts führte. Das kam so häufig vor, dass es auch von Betrogenen hieß, sie stünden da **»wie ein geleimter Schneider«.**

Weil man die Schneiderrechnungen nicht bezahlen wollte, habe man angeblich auch, wenn es klopfte, gerufen: **»Herein, wenn's kein Schneider ist.«** Die beliebte Wendung ist freilich eher als Verballhornung der Schneiderzunft-Treffen entstanden, die meist in Extraräumen von Gasthäusern stattfanden. Hier riefen die anwesenden Schneider beim Klopfen: »Herein, wenn's ein Schneider ist.« Fast so berühmt und sprichwörtlich wie das tapfere Schneiderlein wurde ein Zunftgenosse aus Ulm. Albrecht Ludwig Berblinger arbeitete nicht nur als Schneider, sondern erwies sich auch als genialer Flugpionier mit einem Hängegleiter – freilich ein unglücklicher. 1811 wollte er mit dem über viele Jahre selbst entwickelten und erprobten Fluggerät vom Ulmer Münsterturm starten, was ihm verwehrt wurde. So nutzte er die Alternativstelle, ein Gerüst auf der Adlerbastei. Die dortige Windsituation war jedoch übel; angeblich gab man ihm noch einen Stoß, damit er endlich losfliegen sollte. Jedenfalls erreichte er weder die erforderliche Startgeschwindigkeit noch den richtigen Anstellwinkel oder gar nützliche Aufwinde. So stürzte er in die Donau, wo ihn Fischer retteten. Eine Flut von Spott, sogar in Liedform, ergoss sich über ihn, man beschimpfte ihn als Scharlatan und Hochstapler, die Kunden blieben aus, Berblinger starb verarmt. Tollkühne, waghalsige, extrem leichtsinnige Leute brachte man seitdem mit dem **»Schneider von Ulm«** in Verbindung.

Ganz im Gegensatz dazu verehrt man zutiefst die Maßschneider, die lange Zeit auch Modeschöpfer waren. Wir sprechen noch heute von Lösungen oder Konzepten, die **»wie maßgeschneidert«** oder **»ideal auf jemanden zugeschnitten«** sind – wie Kleidung, die individuell erstellt wurde.

auf Kante genäht sein

Bedeutung: riskant knapp bemessen, ohne Spielraum sein

Hintergrund: Kleidungsstücke bestehen oft aus mehreren Teilen, die zusammengenäht werden; genauso sind Reißverschlüsse durch Nähte mit Jacke oder Mantel zu verbinden. Ein guter Schneider weiß, dass man dabei genügend Stoffbreite benutzen muss, ihn vielleicht sogar doppelt nehmen, um eine wirklich haltbare Verbindung zu erreichen. Dagegen führt das **»Nähen auf Kante«,** wobei Stoff an Stoff stößt, leicht zum Auseinanderreißen der Naht; nicht umsonst wurde auch **»die Nahtstelle«** sprichwörtlich für eine riskante Stelle, beispielsweise im militärischen Sinn. Näht jemand auf Kante, fehlen also Spielraum wie Sicherheit.

Verflixt und zugenäht!

Bedeutung: starker Fluch

Hintergrund: Wie es zu diesem Ausruf kam, das findet man optimal erklärt in Susanne Schnatmeyers lehrreichem Buch mit dem Titel »Verflixt und zugenäht«. Sie schreibt, dass »verflixt« bloß eine Ausweichformel für »verflucht« war. Es klang nun freilich auch schon ein wenig nach »flicken« wie in »flickst du?« Und mit diesem Wissen kann man die Erweiterung des Fluches gut verstehen. Es gibt dazu zwei Quellen.

Da ist zum einen ein erotisches Lied: »Ich habe eine Liebste, die ist wunderschön, / sie zeigt mir ihre Äpfelchen, da ist's / um mich gescheh'n. / Doch als mir meine Liebste / der Liebe Frucht gesteht, / da hab' ich meinen Hosenlatz / verflucht und zugenäht.« Tja, wie heißt es im Volksmund: »Rat nach Tat kommt zu spat.« Und da ist zum anderen der Alltag der schlagenden Studentenverbindungen. Bei deren Fechtpraxis kamen – »au Backe!« – regelmäßig böse Schmisse vor, die nach einem herzhaften »Verflucht!« des Getroffenen zugenäht werden mussten.

Himmel, Arsch und Zwirn!

Bedeutung: starker Fluch

Hintergrund: Herzhaft klingt dieser Fluch, kraftvoll und altehrwürdig. Sein erster Bestandteil zählt zu den beliebtesten Stoßseufzern der

Gruppe **»Himmel, hilf!«** Der zweite Bestandteil gehört in die Hose und zu den beliebtesten Allerweltsflüchen. Der dritte Teil allerdings verwundert. Wieso Zwirn?

Nun, »Zwirn« bezeichnet zwiefache Fäden. Die halten viel besser als einfache, weshalb sich das Wort als Verstärkungsfloskel anbot. Es kommt aber noch besser. Der Zwirn entsteht ja aus der Verwicklung zweier Fäden. Das nun wieder übertrug man schon spätestens im 16. Jahrhundert auf die Verwicklung zweier Leiber, also auf den Sexualakt. So wurde »zwirnen« zum Codewort fürs Vögeln und »Zwirn« ein Ausdruck für sexuell Tabuisiertes. Und damit passte es zur Verlängerung des Fluchs in die beliebte Dreigliedrigkeit. Dass Varianten desselben gebräuchlich und beliebt sind, versteht sich. Unter ihnen ist vor allem **»Himmel, Arsch und Wolkenbruch«** beliebt. Da ist der Zwirn freilich süffisanter.

jemandem am Zeug flicken

Bedeutung: jemanden scharf kritisieren, in Misskredit bringen wollen

Hintergrund: Die Redensart stellt uns eine heitere Szene vor. Da ereignet sich ein Überfall auf offener Straße durch einen Schneider, der nach einem missbilligenden Blick auf die Kleidung des Opfers beginnt, dessen teuer gekaufte Löcher-Jeans zu flicken. Unerhört! In der Redensart steht »Zeug« nämlich ganz allgemein für Kleidung und »flicken« für eine Kritik, schließlich muss perfektes Outfit nicht geflickt werden.

Warm anziehen, wenn der Schuh drückt

Lederverarbeitung: Schuhmacherei, Gerberei, Kürschnerei

Unerhört viele Redensarten haben mit Leder und Schuhen zu tun; man denke nur an **»wissen, wo jemanden der Schuh drückt«, »das zieht jemandem die Schuhe aus«, »den Schuh sich nicht anziehen«, »jemandem etwas in die Schuhe schieben«, »sich die Schuhsohlen ablaufen«,** aber auch **»vom Leder ziehen«** oder **»jemandem ans Leder wollen«.** Hier soll es lediglich um die Redensarten gehen, die eine engere Beziehung zum Handwerk haben.

Ein Sprichwort schlägt alle anderen an Bekanntheit. **»Schuster, bleib bei deinem Leisten!«** In zwei Dutzend europäischen Sprachen kennt man dieses Sprichwort, das überall bedeutet: Tue oder kritisiere nichts, wovon du nichts verstehst!

Schuster oder Schuhmacher sind Vertreter eines der ältesten Handwerke überhaupt, denn weit zurück in die Steinzeit reicht die Kunst, Umhüllungen für die Füße herzustellen. Das allein genügte aber nicht, um das Sprichwort europaweit populär zu machen. Es liegt an einer eingängigen Anekdote, die Plinius der Ältere in der ersten Enzyklopädie überhaupt, der »Naturalis Historia« erzählt. Es geht darin um Apelles, den genialen Hofmaler Alexanders des Großen.

Er zeigte seine neuen Bilder an einer belebten Stelle der Öffentlichkeit und versteckte sich dahinter, um die Kritik der Passanten zu hören. Er schätzte deren Meinung höher ein als die der Kollegen. Da kam einmal ein Schuster, sah das Bild eines Knaben und bemängelte das Fehlen eines Riemens an dessen Sandale. Als er am nächsten Tag bemerkte, dass Apelles den Fehler korrigiert hatte, mäkelte der Schuster auch am Bein der Figur herum. Apelles streckte da flink seinen Kopf hinter dem Gemälde hervor und stieß den sprichwörtlich gewordenen Satz aus: »Schuster, urteile nicht über die Sandale hinaus!«

Plinius gibt den Satz des Apelles in indirekter Rede wieder, *ne sutor supra crepidam iudicaret,* und schreibt, es sei daraus ein Sprichwort geworden. Das übernahmen zahllose Autoren der folgenden Jahrhunderte. Aus der Sandale wurde freilich rasch der Leisten. Diese meist hölzerne Fußform, um die herum der Schuh aufgebaut und zusammengenäht wurde, stand ja als Symbol für das Schuhmacherhandwerk insgesamt.

alles über einen Leisten schlagen

Bedeutung: alles gleich behandeln, ohne auf wichtige Details zu achten

Hintergrund: Bis heute hüten traditionelle Schuhmacher einen Schatz: die Leisten ihrer Kunden. Da jeder Fuß anders ist, muss auch jede Form individuell hergestellt sein.

Hierbei geht es um Maßanfertigungen, welche neben unterschiedlicher Länge und Breite der Füße auch deren Besonderheiten beachten wie Senk-, Spreiz-, Plattfuß, Hallux valgus, Hammerzehe usw. Viele Jahrhunderte lang konnten sich die meisten Menschen so etwas nicht leisten, weshalb Schuhmacher auch einfache Modelle anboten, die – über eine Art Normalleisten geschlagen – sehr vielen passten, freilich nur ungefähr. Daher stammt die negative Bedeutung der Redensart, die sich auch in der Variante für einander ähnelnde und daher uninteressante Menschen wiederfindet: **»Die sind alle über einen Leisten geschlagen.«**

PS: **»Jemandem den Schuh anmessen«** war teils bis ins 20. Jahrhundert hinein eine verhüllende Redensart für den Geschlechtsakt, den man lange schon mit dem Hineinschlüpfen in den Schuh verglich, was auch eine bemerkenswerte Interpretation für die abschließende Schuhszene im Märchen »Aschenputtel« hergibt.

an etwas herumschustern, etwas zusammenschustern, jemandem etwas zuschustern

Bedeutung: an etwas ungeschickt oder achtlos arbeiten, etwas ungeschickt oder achtlos herstellen; jemandem eine Kleinigkeit / einen Posten auf nicht ganz saubere Weise / unter der Hand zukommen lassen

Hintergrund: In vielen Gegenden macht man einen Unterschied zwischen dem Schuhmacher, der zunftgerecht Schuhe anfertigt, und dem Schuster. Den schimpfte man oft »Flickschuster«, weil er sich nur mit dem Reparieren von Schuhen beschäftigte, was weniger Kenntnisse und Fertigkeiten erforderte, ihm nur geringes Geld einbrachte und ihn arm bleiben ließ.

Das Wort »Schuster« erhielt durch den Kontrast zum »Schuhmacher« einen schlechten Klang, und so bildeten sich negative Redewendungen wie **»an etwas herumschustern«** oder **»etwas zusammenschustern«.** Das Verb **»schustern«** allein gewann den Sinn »Geld verlieren«. Daraus entstand die Redensart **»Geld einschustern«,** was »Investitionen in ein Geschäft stecken und verlieren« bedeutete. Es hält sich bis heute in der Variante **»jemandem etwas zuschustern«,** die bis ins 20. Jahrhundert hinein hieß, dass man zwar noch etwas in eine Sache steckt, aber eher der Not als der Vernunft gehorchend und ohne einen echten Erfolg damit zu erreichen. In der heutigen Verwendung blieb allein die negative Bedeutung, wobei die Redensart sich vornehmlich auf unsaubere Geschäfte, Korruption in kleinem Stil, Vetternwirtschaft u. Ä. bezieht.

Umgekehrt wird ein Schuh daraus.

Bedeutung: Aufforderung an jemanden, etwas genau andersherum und damit richtig zu machen

Hintergrund: Hier geht es um die bis weit ins hohe Mittelalter gebräuchliche Technik der wendegenähten Schuhe. Dabei wurde der Schuh mit der Innensohle und den Innenseiten nach außen genäht und bearbeitet, dann am Ende erst umgestülpt, also gewendet. Mit diesem letzten Schritt war er erst als Schuh benutzbar, was ein einleuchtendes Bild für die Herstellung des Richtigen durch Umkehrung war.

auf Schusters Rappen

Bedeutung: zu Fuß gehen

Hintergrund: Arme Leute konnten sich kein eigenes Pferd leisten. Sie gingen zu Fuß, und um diesen Umstand leichter, heiterer zu beschreiben, erfand man zahllose Umschreibungen für die alltägliche Reiseart. Vaganten brachten den Ausdruck **»per pedes Apostolorum«** auf, der sich auf die stets zu Fuß gehenden Apostel bezog; bis heute ist die Kurzform **»per pedes«** verbreitet. Beliebt war auch der Bezug aufs Reiten wie in der Redensart **»auf seiner Mutter Fohlen reiten«,** hatte man doch die Füße statt eines Pferdes als Reisemittel von der Mutter erhalten. Ähnlich erklärt sich dann auch **»auf Schusters Rappen«,** was besonders auf schwarze Schuhe passt, die man vom Schuhmacher hat.

Es regnet Schusterjungen.

Bedeutung: Es regnet sehr stark.

Hintergrund: Die meisten beziehen die ursprünglich bloß Berlinische Redensart auf das dortige Gebäck namens »Schusterjungen« und die üblichen übertreibenden Vergleiche großer Regentropfen mit noch viel größeren Gegenständen wie Stuhlbeinen (Griechenland) oder Schubkarren (Tschechien).

Es ist freilich auffällig, dass es erstens auch oft Personen sind, die mit starkem Regen in Verbindung gebracht werden, so »alte Frauen mit Keulen« (Südafrika) oder »Trollfrauen« (Norwegen), und zweitens unsere Redensart exakt so im Dänischen gebräuchlich ist.

Im Original heißt sie *Det regner skomagerdrenge*, also »Es regnet Schuhmacherjungen«. Im letzten Wort steckt *læredrenge*, das für »Lehrling« steht. Vielleicht ging die Wendung also von Norden kommend in unseren Sprachschatz ein. Sie wird erklärt mit einem Dreifachmord in der Lederstraße (!) Kopenhagens im Jahr 1758. Dort hatte der Schuhmacher Carl Jepsen seinen Betrieb. Er war bekannt als ein sehr harter Arbeitgeber, der seine Lehrlinge selbst für kleine Fehler körperlich bestrafte. Eines Tages machte einer von ihnen einen größeren Fehler, woraufhin ihn der Schuhmacher kurzerhand aus dem Fenster im zweiten Stock warf. Als die anderen Lehrlinge dagegen protestierten, flogen sie ebenfalls aus dem Fenster. Nur zwei seiner fünf Lehrlinge überlebten den Fall auf die harten Pflastersteine.

Der dänische Volksmund mit seiner Vorliebe für schwarzen Humor machte daraus eine neue Redensart: **»Es regnet Schusterjungen in der Lederstraße.«** Man benutzte sie zunächst, wenn große Sachen irgendwo herunterfielen, dann bei ungewöhnlich großen Regentropfen. Die witzige, in das Schema ähnlicher Formulierungen passende Redensart verbreitete sich rasch auch im Rest des Landes, wobei man die Ortsangabe wegließ, weil man außerhalb Kopenhagens die Mordgeschichte in der Lederstraße nicht kannte. Und so sagt man bis heute in Dänemark »Es regnet Schuhmacherjungen« und bei uns »Schusterjungen«.

Die Schuhe sind noch nicht bezahlt.

Bedeutung: Kommentar zu quietschenden, knarzenden Geräuschen von Schuhen

Hintergrund: Man kann sich gut vorstellen, dass Schuhmacher die Redensart erfanden – als eine Art freundlicher Mahnung, Außenstände zu begleichen. Über Jahrhunderte kaufte man ja eher selten, dafür sehr gute und nicht eben billige Schuhe oder Stiefel, die lange halten sollten. Deren Preis entrichtete man deshalb gern in Raten. Neue Schuhe gaben früher, manchmal auch noch heute, in den ersten Wochen und Monaten Geräusche von sich. Ein altes Sprichwort lautete denn auch: **»Neue Sohlen hört man weit.«** Und ein anderes wusste: **»Die Stiefel sind noch nicht bezahlt.«**

jemandem den Hintern / das Fell versohlen

Bedeutung: jemanden verprügeln

Hintergrund: Bis weit ins 20. Jahrhundert hinein galt die Züchtigung von Kindern und Untergebenen als vernünftige Erziehungsmaßnahme, die von der Bibel sanktioniert war, die sprichwörtlich so zitiert wird: **»Wer sein Kind liebt, der züchtigt es.«**

Nun hörte man in den Straßen der Städte noch im 19. Jahrhundert viele Schlaggeräusche, darunter die der Schuster, welche mittels Schusternägeln Sohlen am Rest des Schuhs anbrachten. Da die Haut des Menschen schon in der Antike mit dem Leder verglichen wurde, ergab sich eine Verbindung der Redensart zum Züchtigen noch über das bloße Schlaggeräusch hinaus. Dass durch häufiges Schlagen sich die Haut verdickte, was man mit einer Ledersohle vergleichen konnte, spielt ebenfalls hinein.

Jemandem schwimmen die Felle davon.

Bedeutung: Jemandem zerrinnen die Hoffnungen, sicher Geglaubtes entschwindet.

Hintergrund: Was wären die Schuhmacher ohne gutes Leder? Das alte Sprichwort **»Bös Leder gibt böse Schuhe, gutes Leder gibt gute Schuhe«** betont es. Für die Lederherstellung waren die Gerber zuständig, die unüberriechbar ihrem Handwerk nachgingen, mussten Felle doch in aufwendigen Prozeduren von Haar, Fett und Fleisch befreit werden. Dafür nutzte man u. a. Gruben voller Gerbstoffe und zwischendrin immer wieder Waschungen, weshalb Gerbereien in Wasserlaufnähe lagen. Dabei konnte es geschehen, dass starke Strömungen die schon mehrfach bearbeiteten Felle wegrissen, womit Fell und Arbeit verloren waren.

jemandem das Fell / die Haut gerben

Bedeutung: jemanden schlagen, verprügeln

Hintergrund: Beim Gerben wird aus Fell in vielen Zwischenschritten geschmeidiges, weiches Leder. Ein altes Sprichwort lautet: **»Ungegerbt Leder lässt sich nicht hantieren.«** Das gilt für alle Handwerker, die mit Leder arbeiten, und es galt in übertragener Bedeutung für die Erziehung. Man glaubte, ohne Züchtigung werde man nicht zu einem umgänglichen Menschen. Kein Wunder, dass man das körperliche Strafen mit dem Gerberhandwerk verglich.

das Fell des Bären verteilen, ehe er erlegt ist

Bedeutung: sich voreilig einer Sache sicher sein, sich zu früh freuen

Hintergrund: Die beherzigenswerte Redensart gibt es auch in Sprichwortform: **»Man soll das Fell des Bären nicht verteilen, ehe er erlegt ist.«** Dahinter steckt eine frühneuzeitliche Geschichte, die 1495 das erste Mal zu fassen ist:

Ein Gerber benötigt für einen Kunden eine Bärenhaut und bezahlt einen Jäger dafür im Voraus, weil dieser gerade keine vorrätig hat. Immerhin lädt der Jäger ihn für den kommenden Tag zu einer Bärenjagd ein, nach der er sie bekommen könne. Gesagt, getan. Am Folgetag geht es zu zweit in den Wald, wo man eine Bärenhöhle findet. Der Gerber klettert auf einen Baum und sieht zu, wie sich ein böser Kampf zwischen dem Jäger und dem Bären entwickelt, in dessen Verlauf der menschliche Kontrahent im Wortsinn unterliegt: Der Jäger stellt sich in seiner Verzweiflung tot. Der Bär schnuppert an seinem Kopf und trollt sich dann. Der Gerber steigt vom Baum und fragt den Jäger, ob der Bär ihm wohl etwas ins Ohr gesagt habe. »Ja«, antwortet der Jäger. »Der Bär meinte, ich solle das Fell des Bären nicht verkaufen, ehe ich ihn gefangen habe.«

AUF DEN STIEFEL KOMMEN

Die Fülle an sprichwörtlichen Verwendungen dieses hochschaftigen Schuhwerks erstaunt nur auf den ersten Blick. Auf den zweiten sieht man die vielen Gründe dafür ein. Schließlich waren Stiefel teuer, allein schon wegen des erhöhten Lederbedarfs gegenüber Halbschuhen oder Sandalen, man verband sie mit Rittern und Soldaten, wie man in der Redensart **»gestiefelt und gespornt«** noch erkennen kann, und schließlich benutzte man sie im Ernst und Scherz als Gefäße.

Bis heute trinken heitere Gesellschaften aus Gläsern in Stiefelform, was die Redensart **»einen Stiefel vertragen können«** erklärt. Hier steht »Stiefel« für »eine Menge«, und so konnte sich die Bedeutung auf ganz andere Bereiche übertragen, so bei **»einen Stiefel reden/laufen«.** Da Stiefel strapazierfähiges, derbes Schuhwerk sind, standen sie auch für grobe und dann schlechte Qualität, so in **»einen Stiefel arbeiten/schreiben«.** Der Ton, in der die Stiefelredensart gesprochen wurde, machte klar, ob »eine Menge« oder »grob/schlecht« gemeint war.

Woher die Bedeutung des Stiefels für »das immer Gleiche/Routine« etc. stammt, ist nicht genau geklärt. Man führt recht einleuchtend die Massenproduktion von Stiefeln vor allem fürs Militär ab dem 18. Jahrhundert an, als viele Schuhmacher immer **»den gleichen Stiefel fortmachen«** mussten. Ebenso assoziierte man Stiefel mit langen Märschen, und man sagt ja noch heute **»stiefeln«** für »gehen«, was ebenfalls ihre Bedeutung für geistlose Wiederholung, Routine, aber auch Konsequenz erklärt wie in **»seinen Stiefel gehen / etwas nach seinem Stiefel machen«.**

PS: Verwirrten oder dumm handelnden Menschen sagt man in manchen Gegenden bis heute nach: **»Er trägt die Stiefel zum Schneider und die Hosen zum Schuhmacher.«**

Was selbst Veganern nicht wurst ist

Lebensmittelverarbeitung: Metzgerei und Kochen

Wann aus dem Schlachten und dem Kochen ein Handwerk wurde? Sicher schon in antiken Städten und Palästen. Kunstgerecht filetierte Fleischpartien und exquisit zubereitete Speisen jener Zeit schildert etwa das berühmte »Gastmahl des Trimalchio« in Petronius Arbiters Werk »Satyricon« aus dem 1. Jahrhundert n. Chr.

Fachleute waren vor allem in Großküchen und bei Großvieh gefragt, in kleinen Haushalten und beim Kleinvieh legte man oft selbst Hand an. Und weil alle essen müssen, könnte man leicht mehr als ein Buch mit Redensarten rund ums Essen und die Zubereitung von Lebensmitteln füllen.

Beim Umgang mit pflanzlichen Produkten oder Tieren galt es, Kosten und Nutzen gegeneinander abzuwägen. Dazu entstanden weltweit regelartige Sprichwörter wie: **»Man kann die Kuh melken oder schlachten.«** Oder: **»Wenn du deine Milch frisch halten willst, lass sie in der Kuh.«**

International gebräuchlich wurde die Redensart **»das Huhn schlachten, das goldene Eier legt«.** Obwohl es hier nicht um einen zünftigen Schlachter geht, will ich die Äsop-Fabel, die dahintersteckt, kurz erzählen. Ein Mann verehrt den Gott Hermes mit allem Eifer und wird von diesem mit einem besonderen Geschenk erfreut: einer Gans, die goldene Eier legt. Statt sich des täglichen Reichtums in kleinen Portionen zu freuen, sinnt der Mann auf raschen Gewinn, vermutet er doch, die Gans sei innen ganz aus Gold. Das Innere ist freilich bloß aus Fleisch, und mit den täglichen Goldeiern ist es ab da vorbei.

Wirklich unerhört erscheint es, **»eine heilige Kuh zu schlachten«.** In Indien führte das in vielen Gegenden zu offenem Aufruhr. Die Verehrung dieses Tiers nahmen gerade Europäer als besonders ungewöhnlich wahr. Deshalb wurde die »heilige Kuh« in vielen Redensarten erst für ein seltsames Tabu sprichwörtlich und dann im Zusammenhang mit der Schlachtung zu einem sehr besonderen Vorfall. Diesen beurteilt man bei uns längst als positiv. Manchmal ist es einfach notwendig, das Unerhörte zu tun. Im Alltag begegnet uns oft die Metzgerredensart **»sein Sparschwein schlachten«.** Das immer noch beliebte Groschengrab erhielt seine tierische Form, weil man auch in lebende Schweine viel und lange investierte, ehe man Wurst, Schmalz oder Braten genießen konnte.

einen Erfolg / ein Auto ausschlachten

Bedeutung: aus einem Erfolg so viel Nutzen wie möglich ziehen wollen / alles Verwertbare aus einem Auto entfernen

Hintergrund: Die Redensarten haben sich in der Umgangssprache so weit vom Metzgeralltag entfernt, dass man dabei kaum noch an Fleisch und Blut und Beil und Messer denkt. Woher kommt nun das Negative der ersten? Es ist doch natürlich, dass ein Metzger möglichst viel eines Schlachttiers verwerten will?

Einerseits unterstellte man ihm die Unterschlagung von Fleisch für sich, andererseits die Verwendung von eigentlich nicht dafür gedachten Tierteilen für Wurst- und andere Fleischprodukte. Heute beurteilt man die Verwertung im Sinne von *nose to tail* sicher als Ressourcenschonung und positiv, erst recht bei Autowracks mit ihren vielen noch verwendbaren Teilen.

einen Metzgergang/Fleischergang machen/tun

Bedeutung: einen vergeblichen Gang getan haben, umsonst wo gewesen sein

Hintergrund: In der Bedeutung gleicht die seit dem 18. Jahrhundert bekannte Redensart ganz der auf S. 99 erklärten **»einen Schneidergang tun«.** Freilich ist die Grundlage hier doch anders. Fleischer, Metzger, Schlachter mussten oft selbst dafür sorgen, dass genug Schlachtvieh vorhanden war. Gerade in schwierigen Zeiten zogen sie von Hof zu Hof, um Schafe, Ziegen, Rinder, Schweine zum Schlachten zu bekommen – oft ohne Erfolg. Dazu kam, dass Fleischergesellen oder Fleischknechte auf der Suche nach Arbeit oft vergeblich bei Metzgermeistern anklopften.

wie ein Lamm, das zur Schlachtbank geführt wird; jemanden zur Schlachtbank führen

Bedeutung: geduldig seinem Schicksal ergeben sein; jemanden vernichten

Hintergrund: Die Schlachtbank konnte man bis ins 20. Jahrhundert auf Märkten sehen, wo Metzger Hühner, Ziegen, Lämmer und anderes Kleinvieh direkt vor den Augen der Kunden und auf ihren Wunsch hin töteten, ausnahmen und portionierten. Größer als ein Hackklotz, dienten die Tische dem blutigen Geschäft und waren auch unter der Bezeichnung »Opferbank« bekannt.

Vor allem ältere Bibelübersetzungen wie diejenige Luthers ließen das zum Handwerkszeug der Metzger gehörige Ding sprichwörtlich werden. Als geflügeltes Wort wurde Jesaja 53,7 bekannt, das Luther so übersetzte: »Da er gestraft und gemartert ward, tät er seinen Mund nicht auf, wie ein Lamm, das zur Schlachtbank geführt wird.«

Diese Ergebenheit ins Schicksal galt zuerst als vorbildlich, da sie auf Jesus und seinen Opfertod bezogen wurde. Spätestens im 18. Jahrhundert verwendete man das geflügelte Wort freilich auch kritisch und ironisch, empfand man doch Widerstandslosigkeit durchaus als Schwäche, Schicksalsergebenheit angesichts eines grausamen Todes als geradezu widernatürlich und dumm.

Jüdische Widerstandsgruppen forderten aktiv dazu auf, sich nicht **»wie Lämmer zur Schlachtbank führen zu lassen«,** was u. a. zum bewundernswerten Aufstand im Warschauer Ghetto führte.

ein Gemüt/Gewissen wie ein Fleischerhund/Metzger(s)hund/ Schlachterhund haben

Bedeutung: gefühllos sein, ohne Gewissen und Mitempfinden sein

Hintergrund: Johann Christoph Adelungs Wörterbuch definiert den Fleischerhund so: »ein abgerichteter großer Hund, welcher den Fleischern das Vieh treiben hilft«. Es war früher ein geradezu alltägliches Bild, wenn ein Zug Schlachtvieh von einem Bullenbeißer auf Trab gehalten und zur Schlachtbank getrieben wurde. Das wirkte erbarmungslos, und so wurde der Fleischerhund zu einem Sinnbild der Gefühllosigkeit.

jemanden abstechen (wie ein Stück Vieh), ausbluten lassen, ausnehmen (wie eine Weihnachtsgans)

Bedeutung: jemanden mitleidlos mit einer Stichwaffe töten, jemanden zur Zahlungsunfähigkeit bringen, sich schamlos an jemandem bereichern

Hintergrund: Nicht umsonst stehen diese drei sprichwörtlichen Ausdrücke beieinander, bezeichnen sie doch in richtiger Folge die Tätigkeit des traditionellen Schlachters. Nachdem man die Tiere in der Regel mit einem kraftvollen Schlag auf den Kopf betäubt hatte, folgte das fachgerechte Abstechen des Tiers in die Halsschlagader und das Ausblutenlassen, dem sich als letzter Schritt das Ausnehmen, also vor allem die Entfernung der Eingeweide, anschloss. Je nach Tierart zog man noch die Haut oder das Fell ab, flämmte Borsten ab oder rupfte Geflügel.

Da man biologisch nicht korrekt, aber gewohnheitsmäßig zwischen Mensch und Tier deutlich unterschied, entwickelten alle drei Fachbegriffe der Metzgerei in Bezug auf Menschen eine sprichwörtlich negative Bedeutung.

Dabei ist der erste Ausdruck noch am wenigsten übertragen zu sehen, da im Schlachtgetümmel, das nicht umsonst mit dem Schlachter begriffsverwandt ist, das Abstechen im Wortsinn häufig vorkam. Gleichwohl haftet ihm als Metzgervokabel deutlich Rücksichtslosigkeit an, Gleichgültigkeit auch und Erbarmungslosigkeit.

Beim Ausblutenlassen und beim Ausnehmen im sprichwörtlichen Sinn vergleicht man gut kapitalistisch das Geld mit dem Blut bzw. den Eingeweiden, weil alle drei überlebensnotwendig sind, gleichzeitig klären die Redensarten die Rollen und die Bewertung der Beteiligten: Der eine wird zu einem Menschenmetzger stilisiert, der andere leidet als bedauernswertes menschliches Schlachtvieh. Der Zusatz mit der Weihnachtsgans bringt eine spöttisch-lustige Note in die Redensart, wird das Opfer doch zu einem Festbraten stilisiert.

PS: »Einen Abstecher machen« hat dagegen mit der Seefahrt zu tun und kommt aus dem Holländischen. Da hieß *en afsteker maken* das Abstoßen eines Beiboots von einem Schiff mithilfe einer Stange. Die heutige Bedeutung hat damit zu tun, dass man mit dem Beiboot immer nur kurze Fahrten unternahm.

sein Fett abbekommen/abkriegen/weghaben

Bedeutung: verdientermaßen für etwas getadelt oder bestraft werden

Hintergrund: Nach der gemeinsamen Metzgerarbeit war die Teilung angesagt, bei der schieres Fleisch und Wurst höher geachtet wurden als Fett. Wer nur Fett abkriegte, erschien weniger wichtig und wert als die anderen, was sich wohl zu einer Redensart für Tadel und Strafe weiterentwickelte.

wie eine gesengte Sau

Bedeutung: sehr schlecht und rücksichtslos, besonders schnell, ungestüm

Hintergrund: In der Regel bezieht man die letztlich nicht sicher geklärte Redensart mit den vielen Bedeutungsnuancen auf die Jagd und eine Wildsau, die man nicht richtig getroffen hat, sodass der Schuss bloß die Borsten ansengte. Klar, dass die Sau darauf mit einer rücksichtlosen, ungestümen und sehr schnellen Flucht reagierte.

Es könnte auch eine derb-absurde Scherzbemerkung sein, die sich auf das Absengen der Borsten von Schlachtschweinen bezieht. Das geschieht freilich erst nach dem Töten. Gleichwohl waren das Schlachten und anschließende Sengen wesentlich alltäglicher als die Wildschweinjagd. So hat auch die zweite Erklärung etwas für sich.

ein abgefeimter Spitzbube sein

Bedeutung: ein besonders schlimmer, außerordentlicher Spitzbube sein

Hintergrund: Der Ausdruck eignet sich hervorragend als Übergang vom Metzger zum Koch, müssen doch beide Handwerker mit dem Feim zurande kommen. Das ist schlicht ein altes Wort für den Schaum oder Abschaum, der sich beim Kochen, vor allem von Fleisch und Hülsenfrüchten, bildet. Er muss entfernt werden, um beispielsweise Brühen nicht trüb werden zu lassen.

Vor fünfhundert Jahren hieß die Tätigkeit noch einfach »feimen«. Als man das Wort »Feim« nicht mehr so gut kannte, ergänzte man es zu »abfeimen«. Weil dadurch Güte und Reinheit des Gerichts oder der Vorstufe für Metzgerwaren gesteigert wurden, konnte **»abgefeimt«** zu einem Verstärkungswort werden, das inzwischen vor allem schlechte Menschen charakterisiert, die man ja auch und bis heute als **»Abschaum«** beschimpft.

If you don't like the heat, get out of the kitchen.

Bedeutung: Beschwere dich nicht über erwartbare Anforderungen bzw. setze dich nicht Anforderungen aus, die du nicht aushalten willst.

DAS IST MIR WURST!

Deutschland gilt vielen als Wurstweltmeister, doch ein Blick in unsere Nachbarländer beweist, dass man im Norden, Osten, Süden und Westen auch sehr viel davon versteht. Mit großer Wahrscheinlichkeit sind wir aber Wurst-Redensarten-Weltmeister, führt doch allein Karl Friedrich Wilhelm Wanders »Deutsches Sprichwörter-Lexikon« fast 150 Stück auf, bei denen noch nicht einmal die Leberwurst, Bratwurst und andere Spezialsorten mitgerechnet sind.

Wie sehr und wie früh wir selbst uns schon mit dieser Speise identifizierten, belegt ein altes Kurzsprichwort für Deutschland: **»Wurstland – Durstland.«** Angeblich führte unsere Vorliebe für Wurst zu großem Durst, vor allem auf alkoholische Getränke. Schön, dass sich die Wörter auch noch reimen.

Solche Völkerstereotype mögen nicht nur Vegetariern **»wurst/wurscht sein«**, also egal. Die bekannte Redensart kam erst um 1800 auf und setzte sich von der Studentensphäre aus rasch im deutschen Sprachgebiet durch. Was dahintersteckt? Dass es wurst war, an welchem der gleichen Enden man eine Wurst anbiss? Dass die eher grobe und alltägliche Wurst gegenüber einem richtigen und nur zu Festtagen üblichen Braten weniger Wert hatte? Womöglich lag dem auch die veraltete Redensart **»Das ist mir Wurst wie Pelle«** zugrunde. »Wurst« konnte ja auch als Kurzwort für »Wursthaut« stehen. Ehrlich gesagt weiß man es nicht. Sicher ist lediglich, dass es nicht um die Beliebigkeit ihrer Fülle ging.

Jeder Metzger hat gleichwohl schon die dümmliche, unausrottbare Reimerei gehört oder gelesen: **»Die Gedanken einer Frau, der Magen einer Sau, der Inhalt einer Wurscht bleibt ewig unerfurscht.«** Am besten reagieren sie darauf mit der sprichwörtlichen **»Wurschtigkeit«.** Fleischer wissen ja, was in die Qualitätsware kommt, und stopfen es mit Hingabe in die Hülle, bis die sich prächtig spannt.

Genau dieses Gestopftsein ist die Erklärung für die traditionelle komische Figur »**Hans Wurst«.** Erst handelte es sich bloß um Spott über dickliche Menschen, die in ihre Kleidung wie in Wurst hineingestopft wirkten. Und weil man über sie lachte, übertrug sich die Bezeichnung auf komische Personen insgesamt und schließlich im Speziellen auf die der Bühne. Auch sonst verglich man Menschen, die ja ebenfalls in einer Haut stecken, mit Würsten und verspottete manche Exemplare als **»arme Würstchen«.**

Verächtliche Verwendung wie hier oder bei der Redensart **»bloß herumwursteln«** für nachlässige Arbeit wechselt sich im Sprichwörtlichen ab mit Wertschätzung der Wurst. Man denke nur an den Ausruf **»Jetzt geht's um die Wurst!«** Wahrscheinlich verdankt er sich dem hie und da noch geübten Brauch des für Kinder veranstalteten Wurstschnappens, Wurstangelns oder Wurstkletterns.

Wer mehr möchte als das ihm Zustehende, wer eine Sonderbehandlung für sich reklamiert, dem begegnet oft die variantenreiche Redensart von der **»Extrawurst«,** die er **»gebraten«** haben möchte. Klar, in den meisten Familien zählte man Würste pro Kopf ab. Wer ärgerlich auf seine vermeintlich zu kleine Wurstmenge reagierte, der konnte sicher sein, als **»beleidigte Leberwurst«** verlacht zu werden. Die Redensart verspottet Menschen, die rasch und aus geringem Anlass sauer werden. Sie ist eng verwandt mit der erstaunt vorwurfsvollen Frage: **»Was ist dir denn für eine Laus über die Leber gelaufen?«** Beide sprichwörtlichen Redensarten gehen auf die antike Säftelehre zurück, die innere Organe und die von ihnen produzierten Körpersäfte, besonders die Leber, für den Charakter und die Stimmung der Menschen verantwortlich machte. Bei einem plötzlichen Stimmungsumschwung ins Negative versuchte man, die entsprechende Person mit der Redensart aufzuheitern und zur Ordnung zu rufen. Schließlich wäre so ein winziger Reiz wie das Laufen einer Laus über die Leber als Grund für Schmollen wirklich lächerlich.

Aus der Fülle der Redensarten vielleicht nur noch zwei: **»sich die Wurst nicht vom Brot nehmen lassen«** und das leider veraltete **»Wurst wider Wurst«.** Die erste versteht sich von selbst als die Abweisung unverschämter Aktionen, die zweite erklärt sich aus Schlachttagtraditionen. Dazu gehörte bei größeren Tieren die Mithilfe von Verwandten, Freunden, Nachbarn, um Fleisch, Blut und Nebenprodukte rasch verarbeiten zu können. Bei dieser Unterstützung galt das Prinzip der Gegenseitigkeit. Mal half der eine dem anderen und bekam zum Dank Würste, das nächste Mal war es umgekehrt. Das spielt auch in die Erklärung der nächsten Redensart hinein.

Hintergrund: Seit je verbindet man sehr überzeugend Küche und Hitze. So reklamieren Köche für sich, dass sie mit heißen Speisen so gut umgehen können wie mit heißer Liebe. Und aus dem angelsächsischen Sprachraum wanderte längst die Weisheit ein: **»Wer die Hitze nicht verträgt, soll nicht in der Küche arbeiten.«** Oder in einer Variante: **»Wer in der Küche arbeiten will, muss auch die Hitze aushalten.«** Harry S. Truman, der es mindestens seit 1931 kannte, popularisierte das Sprichwort in der Form **»If you don't like the heat, get out of the kitchen.«** Im Deutschen gab es nur eine schwächere, weil bloß auf den zweiten Blick gleiche Version: **»Der bleibe aus der Küche, der nicht braten kann.«** Es ist ja unklar, ob es hier bloß um die Fähigkeit geht, Braten zubereiten zu können, oder ob die übertragene Bedeutung »Hitze aushalten können« wie bei »in der Sonne braten« hineinspielt.

in Teufels Küche geraten, ein Satansbraten sein, ein Hexenkessel

Bedeutung: große Unannehmlichkeiten bekommen, ein Bösewicht sein, ein Ort wilden und verwirrenden Treibens

Hintergrund: Mit der Interpretation der Hölle als feurigem Strafort voller Plagen entstanden auch Bilder, die sehr drastisch vorführten, wie Menschen in riesigen Töpfen gesotten oder an Spieße gesteckt und über Feuer gegrillt wurden. Kein Wunder, dass man **»Teufels Küche«** als Wort dafür erfand und die Warnung vor ihr sehr ernst meinte. Spätestens nach 1500 und besonders in der Zeit des Dreißigjährigen Kriegs entstanden international Redensarten, die Schreckensorte und bald auch allgemein unangenehme Situationen damit verglichen.

In Teufels Küche gehörten natürlich alle bösen Menschen, die man sprichwörtlich und überzeugend als **»Satansbraten«** beschrieb, schien ihnen doch dieses Schicksal nach dem Tod sicher zu sein. Der **»Hexenkessel«** gehört in den gleichen Bildbereich hinein, schließlich zählte man im Volks- wie im Kirchenaberglauben die Hexen zu den Dienern des Teufels. Sie kochten angeblich Zaubertränke, die vor allem der Verjüngung dienten, so noch in Goethes »Faust«. Und immer beschrieb man Hexenkessel als brodelnd und ihren Inhalt als wildes Gemengsel. Das erlaubte sprichwörtliche Übertragungen, bei denen mal das fürchterliche Durcheinander im Vordergrund stand, mal das wilde Kochen.

So kann man das Treiben beim Metal-Festival in Wacken positiv als »wahren Hexenkessel« beschreiben und dasselbe Wort negativ verwenden für ein Chaos von Demonstranten, Gegendemonstranten und Polizisten während einer Kundgebung.

Viele Köche verderben den Brei.

Bedeutung: Eine Sache wird durchs Zutun vieler schlecht.

Hintergrund: Die heutige Form des Sprichworts ist kurz und eingängig, freilich leicht widersinnig. Was soll an einem Brei schon verdorben werden? Man hat allerdings nicht nur an einen Grieß- oder Reisbrei zu denken, sondern an eine Sammelbezeichnung für allerlei Mischgerichte, die in der einfachen Küche seit jeher üblich waren, vor allem Getreide- und Gemüsebreie. Für so simple Gerichte braucht man nicht einmal einen Koch, geschweige denn viele.

Vor gut 300 Jahren hieß es noch einleuchtend: **»Viel Köch versaltzen den Brey.«** Klar, wenn immer wieder einer meint, es fehle Salz, ist der Brei am Ende ungenießbar. Um etwa die gleiche Zeit sagte man auch in ähnlichem Sinn: **»In eine Küche gehören nicht zwei Köche.«**

Hier geht es nicht um die Verachtung der Teamarbeit, sondern um eine klare Hierarchie und Arbeitsteilung. Einer muss beim Kochen den Hut oder vielmehr die Haube aufhaben. Viele Sprichwörter loben denn auch die Kooperation, etwa: **»Viele Hände, schnelles Ende.«**

Hunger ist der beste Koch.

Bedeutung: Wer hungrig ist, dem schmecken auch weniger gute Speisen.

Hintergrund: Das Sprichwort kann jeder körperlich nachvollziehen, der auch nur einmal echten Hunger spürte. Nach etlichen Fastentagen erstaunt einen die ungeheure Geschmacksintensität eines einfachen Apfels oder Butterbrots. Wie heißt es in Wanders »Deutschem Sprichwörter-Lexikon«: **»Es gibt keine bessere Sauce als Hunger.«** Das leuchtet ein, selbst ohne die physiologischen Grundlagen genau zu kennen. In der Antike formulierte bereits Cicero *cibi condimentum est fames*, also: **»Der Speise Würze ist Hunger.«** Unser Sprichwort findet man 1230 das erste Mal erwähnt, doch ist es sicher älter.

alles in Butter

Bedeutung: alles in Ordnung

Hintergrund: Der Ausdruck soll sich dem Transport venezianischer Glaswaren im späten Mittelalter über die Alpen verdanken. Tatsächlich liest man von der klugen Idee einer stoßgesicherten Lagerung. Auf den Boden der Fässer ließ man eine Schicht flüssige Butter laufen. War sie fest geworden, kam darauf das kostbare Glas. Das übergoss man wieder mit flüssiger Butter, ließ sie erkalten, und so fuhr man immer fort, bis das Fass voll war. Die erkaltete Butter hielt alles sicher und fest.

Alles in Butter? Nein! Die Redensart ist erst im frühen 20. Jahrhundert aufzufinden und in der Gegend Berlins. Hier warben Gasthäuser mit dem Schild **»Alles in Butter!«** Das bedeutete, dass bei ihnen statt in Schmalz oder gar Margarine ausschließlich alles in Butter gebraten und gekocht wurde.

Jetzt ist Schmalhans Küchenmeister.

Bedeutung: Jetzt muss man sparen, wird es nur wenig zu essen geben.

Hintergrund: Hans findet sich als Übername in vielen sprichwörtlichen Wendungen, ob man an die komische Theaterfigur »Hans Wurst« denkt, an »Hans Dampf in allen Gassen«, an »Hans-guck-in-die-Luft« aus dem »Struwwelpeter« oder an den Prahlhans, der sich auf den Schmalhans sogar reimt. Der Grund liegt im Taufnamen Johannes, den vom Mittelalter bis in die Aufklärung hinein die meisten Männer zusätzlich zu einem weiteren Vornamen trugen, sodass die Kurzform Hans sich für Personifikationen und Übernamen eignete.

Den Hunger findet man 1663 das erste Mal mit **»Schmalhans«** benannt. Der Name überzeugt sofort, bedenkt man, dass der Ausdruck damals auch Hungernde und Geizige bezeichnete, bei denen es, wie man damals sagte, »schmal zuging«. Ob man möglicherweise mit

»Schmalhans« auch das Dünnsein eines Koches bezeichnete, ist einerlei, wichtig ist, dass der »Küchenmeister« damals über das Amt des Kochs hinaus auch über das Personal und die Vorräte zu bestimmen hatte. Wenn nun der Hunger dieses Amt innehattte, wusste man, dass es in Zukunft wenig zu essen geben würde.

Die Gerüchteküche kocht/brodelt.

Bedeutung: Über etwas oder jemanden wird sehr viel geredet.

Hintergrund: Die schöne Redensart findet sich erst vor gut fünfzig Jahren schriftlich belegt. Wegen der lautlichen Nähe von »Gerichte« und »Gerüchte« hat sich die witzige Assoziation »Gerüchteküche« herausgebildet. Die Erweiterung **»die Gerüchteküche kocht/brodelt«** macht noch deutlicher, wie emsig hier an der Herstellung, aber auch Verbreitung von Gerüchten gearbeitet wird.

bloß Küchenlatein/Küchenpsychologie sein

Bedeutung: schlechtes oder bewusst lustiges Latein / eine unterkomplexe Alltagserklärung seelischer Vorgänge

Hintergrund: Vermittelt durch Martin Luther lernten weite Kreise die satirische Redensart *latinitas culinaria* (»küchenmäßiges Latein«) oder *loqui illatine ... coquinario more* (»unlateinisch sprechen ... in küchenmäßiger Weise«) für lächerlich schlichtes und schlechtes Latein kennen. Der Spott entstand in den Kreisen der stolzen Humanisten, die klassischen Stilidealen der alten Sprachen folgten. Sie behaupteten, das simple Mönchslatein gehe kaum über lateinische Kräuter- oder Speisenamen hinaus. Solch **»Küchenlatein«** ahmten sie danach in satirischen Schriften nach. Daraus entwickelte man Spottlatein. Hier hängte man einfach lateinische Endungen an deutsche Wörter an wie in »Nimm Gabulus in Handus ...« oder bildete pseudolateinische Sätze aus nur ähnlich klingenden Dialektwörtern: »Vena laus amoris pax drux bis goris.«

In Anlehnung an die alte Redensart vom »Küchenlatein« bildete die akademische Wissenschaft von der Seele den verächtlichen Ausdruck **»Küchenpsychologie«.** Damit mokiert sie sich über Erklärungen psychischer Phänomene, in denen sich Halbwissen, Halbverstandenes und Alltagsbeobachtungen vermischen. Freilich bleibt die traditionelle Deutung seelischer Leiden eine im Rahmen des Alltäglichen hilfreiche Form, mit ihnen umzugehen. So gibt es durchaus Versuche, »Küchenpsychologie« positiv umzudeuten, zumal die Küche als heimeliger Ort für die ganze Familie gilt. Und in der Küche ist man dem Menschen zuweilen näher als in mancher psychotherapeutischen Praxis ...

PS: Der »Vena-laus«-Satz ist lediglich Pseudolatein, in Wirklichkeit aber bayerisch: »Wenn a Laus am Ohr is, packs, drucks, bis gor [tot] is.«

nichts anbrennen lassen

Bedeutung: sich nichts entgehen lassen (vor allem sexuell), kein Tor zulassen

Hintergrund: In Millionen Kochbüchern findet sich die Warnung: nicht anbrennen lassen. Das kann man verstehen. Wie aber kommt es zu der übertragenen Bedeutung? Nun, die Redensart entstammt der Umgangssprache und der sexuellen Sphäre. Hier verglich man den Penis mit dem Kochlöffel, die Vulva mit dem Topf, den Sex mit dem Rühren. Dazu kommt die traditionelle Verbindung von Hitze und Verlangen.

Die Übertragung lässt sich so erklären: Wer beim Kochen etwas anbrennen lässt, der handelt falsch und vereitelt den Essensgenuss. Wer beim Sex nichts anbrennen lässt, der nutzt jede Gelegenheit zum Genuss.

Die weitere Übertragung auf Gelegenheiten überhaupt und auf den Fußball insbesondere hat mit »nichts anbrennen lassen« als »richtiges, rechtzeitiges Handeln« zu tun.

nicht auf der Brenn-/Nudel-/Wasser-/Mehlsuppe dahergeschwommen sein

Bedeutung: kein primitiver, verachtenswerter Mensch / nicht aus einfachsten Verhältnissen sein

Hintergrund: Einfache Suppen und Breie aus Getreide, das war das Alltagsessen der meisten Menschen über Jahrhunderte. Man konnte sie einfach herstellen und – je nach finanzieller Lage – entweder äußerst billig und wenig nahrhaft oder sehr aufwendig und gehaltvoll zubereiten. Die ärmliche Wassersuppe, auch als »blinder Hund« bekannt, weil kein Fettauge aus ihr zurückschaut, bildete das eine Extrem, ein dicker Fleisch-Gemüse-Eintopf das andere.

Die klassisch einfache Einbrennsuppe ihrerseits macht nicht viel her, denn hier sorgt etwas Mehl statt Sahne oder Butter für die Bindung. Früher war jedem klar: Wer **»auf der Wassersuppe«** oder **»auf der Brennsuppe dahergeschwommen kommt«,** der stammt aus armen Schichten, aus einer einfachen Umgebung, in der raffinierte Speisen mit teuren Zutaten undenkbar sind. So konnte die Wendung als umgangssprachliche Beleidigung **»Du bist wohl auf der Brennsuppn dahergschwommen!«** oder als stolze Entgegnung verwendet werden: **»Wir sind nicht auf der Brennsuppe dahergeschwommen!«** Das heißt: »Wie redest du mit mir? Ich stamme doch nicht aus einfachen Verhältnissen!« Es gibt übrigens noch weitere Varianten wie **»auf der Nudelsuppn«, »auf der Mehlsuppen«,** Hauptsache, es sind einfache Suppen.

(wie) auf dem Präsentierteller

Bedeutung: den Blicken aller ausgesetzt

Hintergrund: Das alte Wort bezeichnet schlicht einen tablettartig großen Teller, auf dem Speisen oder Getränke den Gästen zur Schau gestellt, also präsentiert und dann herumgereicht wurden. Es gehörte zu den Aufgaben der Küche, diese Präsentierteller auch als Augenschmaus anzurichten.

Alle am Tisch sollten den Präsentierteller und das darauf Dargebotene sehen, weshalb sich die Lage der Speisen oder Getränke darauf sehr gut vergleichen ließ mit bloßgestellten Menschen oder solchen, die sich unangenehm einer öffentlichen Aufmerksamkeit ausgesetzt fühlten.

den Braten riechen/schmecken, dem Braten nicht trauen

Bedeutung: ahnen, merken, wie sich etwas entwickeln wird, besonders was an Unangenehmem auf einen zukommt oder wo sich eine vorteilhafte Möglichkeit bietet; einer Sache gegenüber misstrauisch sein

Hintergrund: Ursprünglich geht es wohl um neugierige Topfgucker, die bei so einer Gelegenheit auch schon mal zugreifen. Man verachtete diese Schmarotzer, die sehr rasch bemerkten, wenn in der Küche ein Braten zubereitet wurde. Die alte Form **»den Braten schmecken«** bezeichnete zwar erst vor allem das Riechen des erwünschten Fleischstücks in der Küche, bald aber ebenfalls das Probieren desselben.

Die feine Nase der Topfgucker galt eigentlich als negativ, aber bald verwandelte sich die Bedeutung – sicher auch wegen ironischer Verwendung – ins Positive, sodass die Redensart vor allem das feine Gespür für etwas, das im Werden ist, bezeichnete.

Warum man dem Braten nicht traut? Überraschenderweise steht »Braten« sprichwörtlich immer wieder für Schlechtes. So sagt man vereinzelt noch bei Enttäuschungen über den schlechten Ausgang einer Sache statt **»Da haben wir den Salat!«**: **»Da haben wir den Braten!«** Dazu kommt die Variante **»den (faulen) Braten riechen«.** Es könnte also leicht sein, dass es darum geht, verdorbenes Fleisch am Spieß wahrnehmen zu können oder es als solches zu identifizieren.

einen Braten in der Röhre haben

siehe »Die Gebärmutter als Backofen«, S. 85

merken/wissen, wo der Hase im Pfeffer liegt; da liegt der Hase im Pfeffer

Bedeutung: Das ist der entscheidende Punkt, da hakt es; entscheidende Kenntnisse über die Ursache von etwas haben

Hintergrund: Hasenragouts heißen auch Hasenpfeffer, weil sie in einer dunklen Würzsauce dargeboten wurden und Pfeffer lange Zeit ein Generalwort für Gewürze überhaupt war. Lag nun der Hase im Pfeffer, also in der Sauce, war es aus mit ihm. Er war in der schlimmstmöglichen Lage, unrettbar. Die Bedeutung des Ausrufs **»Da liegt der Hase im Pfeffer!«** war deshalb »Da haben wir den Salat!«

Seit dem 17. Jahrhundert veränderte sich die Hasen-Pfeffer-Redensart. Jetzt ging es mehr um das Wissen, wo in der dunklen Sauce die schönsten Hasenstücke lagen. Die Betonung wäre dann: **»Da liegt der Hase im Pfeffer.«** Das war vor allem beim üblichen gemeinsamen Essen aus einer Schüssel, aber auch beim Schöpfen und Zuteilen des Hasenpfeffers aus einer Terrine entscheidend, um sich oder bestimmten anderen die besten Stücke zu sichern. Unter dem Einfluss ähnlicher Redensarten wie **»wissen, wo der Barthel den Most holt«** ergab sich dann **»wissen, wo der Hase im Pfeffer liegt«.**

ein Einheitsbrei sein, alles in einen Topf werfen

Bedeutung: ein Gemengsel minderer Qualität sein, alles undifferenziert behandeln bzw. beurteilen / alles durcheinanderbringen

Hintergrund: Die effiziente Resteverwertung, am besten noch in schmackhafter Weise, gehörte schon immer zu den hervorragenden Fähigkeiten aller Köche und Köchinnen. Im Alltag ging man da weniger fein vor. Viele Familien kennen denn auch Spezialbezeichnungen für Gerichte aus den Resten der vorigen Tage, beispielsweise »gedrängte Wochenübersicht«.

Sprichwörtlich beliebt wurde der **»Einheitsbrei«,** in dem alles zu einer undefinierbaren Pampe zusammengekocht ist, eine wahrhaft unschöne Form von Einheit, die sich herrlich auf alles Undifferenzierte übertragen lässt, wo alles bis zur Unkenntlichkeit vermischt ist.

Um solche Resteessen herzustellen, **»wirft man alles in einen Topf«.** Den Meisterköchinnen und ihren männlichen Kollegen sind sie ein Gräuel, weil so die Geschmacksnuancen verschwinden, Farbe, Textur, Form sich auflösen in Einerlei. Darin kennt sich kein Mensch mehr aus, weshalb die Redensart Verwirrung und Durcheinander bezeichnen kann.

Jedes Töpfchen find't sein Deckelchen.

Bedeutung: Jeder Mensch findet seinen Partner.

Hintergrund: In leichten Varianten kennt man das tröstliche Sprichwort vom Meer bis an die Alpen. Der Film »Kohlhiesels Töchter« mit Liselotte Pulver aus dem Jahr 1962 machte es in Liedform noch bekannter. Die Bildlichkeit überzeugte auf den ersten Blick, da Topf und Deckel zusammengehören, und in großen Küchen es gerade unter den Topfdeckeln leicht ein Durcheinander geben kann, sodass es etwas dauert, ehe man – neudeutsch gesprochen – ein Match erreicht hat.

jemandem eine Farce auftischen, eine Farce sein

Bedeutung: jemandem etwas vormachen bzw. eine seltsame Geschichte erzählen; eine alberne bzw. ärgerliche Sache sein

Hintergrund: In den besseren Küchen dieser Welt begegnet man dem Wort »Farce« häufig, bezeichnet es doch vor allem feine Füllungen unterschiedlichster Art, aber auch Gehacktes und Vermengtes. Seine Herkunft aus dem Bereich des Kochhandwerks merkt man der veralteten Version der Redensart **»jemandem eine Farce auftischen«** noch an.

Ob sich die übertragene Bedeutung für anspruchslose Lustspiele wirklich schon den lustigen Zwischenspielen in geistlichen Schauspielen des Spätmittelalters verdankt, in die sie wie eine Füllung hineingemengt waren, ist nicht sicher zu sagen. Die negative sprichwörtliche Bedeutung rührt eindeutig vom Durcheinander des Kleingehackten der Farce her, welche auch eine Bezeichnung für eine Fleischfüllung sein konnte. Auch die schätzte man weniger als schieres Fleisch.

Im Bereich des Theaters bezeichnet »Farce« schon längst einen Typus von Schauspiel, der vor allem unterhalten will, schnelle Wechsel liebt und zuweilen mit wild zusammengefügten komischen Szenen einer Farce im Küchensinn durchaus gleicht. Da sie auf hohes Niveau keinen Wert legt, verachteten Kritik und Bürgertum sie als gekünstelt, unglaubwürdig, albern, unnatürlich, und von daher übertrug man »Farce« sprichwörtlich auf ähnlich empfundene Feierlichkeiten aller Art, auf steife Staatsakte mit einem Übermaß an Protokoll und auf lächerliche Darbietungen im menschlichen Austausch. Da heißt es dann immer noch ärgerlich: **»Das war für mich eine reine Farce!«**

Küchenchefs wissen, wie sie mit einer genialen Farce solcherart echauffierte Menschen wieder glücklich machen können!

jemanden in die Pfanne hauen

Bedeutung: jemanden rücksichtslos heruntermachen, scharf kritisieren

Hintergrund: Der nach moderner Umgangssprache klingende Ausdruck kommt bereits 1687 in einem Lied auf die Schlacht bei Patras vor, wo es heißt: »Also er zweimal stürmet an, / uns in die Pfanne zu hauen.« Man vermutet den Ursprung schlicht in der Küchenpraxis des leichten und achtlosen Zerschlagens der Eier am Pfannenrand, ehe deren Inhalt in die Pfanne gleitet. Der Vorgang heißt seit gut dreihundert Jahren bis heute »Eier in die Pfanne schlagen«. Vielleicht besteht sogar ein Zusammenhang mit einem populären Sprichwort, das in Grimmelshausens Roman »Simplicissimus« zitiert wird: **»Eier in die Pfanne, so werden keine Jungen daraus.«** Es bedeutet so viel wie: »Wehret den Anfängen.« Und schließlich gab es die heute vergessene, noch drastischere Redensart fürs Verprügeln **»jemanden in Kochstücke zerhauen«,** also wie Fleisch küchengerecht zerkleinern.

Die Übertragung vom rücksichtslosen Zerschlagen und Zerkleinern auf Kritik und Herabwürdigung wird damit leicht verständlich. Man macht gleichsam tadelnd Hackfleisch aus jemandem.

Die Redensart **»etwas auf der Pfanne haben«** gehört einer anderen Sphäre an. Hier geht es um die Pulverpfanne der Vorderladergewehre. Nach langwierigem Ladevorgang kam als Letztes Pulver dorthin, und damit war man schussbereit, was sprichwörtlich im Sinn von »fähig und bereit sein« wurde.

sein eigenes Süppchen kochen

Bedeutung: sich egoistisch nur um seine eigenen Sachen kümmern

Hintergrund: Unzählige Suppenredensarten verdanken sich dem Umstand, dass sie einst Hauptspeise nicht nur der unteren Bevölkerungsschichten war, weshalb sie für Speise im Allgemeinen stehen konnte. In diesem Fall geht es darum, dass sie in der Regel für alle Angehörigen eines Hausstandes gekocht wurde, die auch alle davon aßen. Das Süppchen nur für sich allein zu kochen, erschien als egoistisch.

Dazu kommen veraltete Redensarten wie **»sein Süppchen am Feuer anderer kochen«,** die schon eine ähnliche Bedeutung hatten.

im eigenen Saft schmoren lassen, jemanden schmoren lassen/weichkochen

Bedeutung: nicht über seinen Tellerrand hinausschauen können / jemanden in einer misslichen, selbstverschuldeten Lage lassen, um ihn gefügig zu machen

Hintergrund: Eigentlich ist es perfekt, einen Braten im eigenen Saft schmoren zu lassen. Freilich geht es hier um Einzelaspekte des Sprachbildes. Im ersten Fall vergleicht man jemanden in puncto Unerfahrenheit mit dem im eigenen Saft schmorenden Fleischstück, das nichts anderes an schönen Zutaten kennenlernt. Im zweiten Fall geht es um die Gleichsetzung von Menschen mit Fleischstücken. Das Liegen in der Pfanne setzt man mit einer fast schon höllisch schlimmen Lage gleich. Warum man die sprichwörtlich als selbstverschuldet klassifiziert? Vielleicht geht es um die Redensartenfamilie des »sich selbst zu etwas machen«. So zum Beispiel: **»Wer sich zum Walfisch macht, nach dem wirft man Harpunen.«** Oder: **»Wer sich zur Ziege macht, wird vom Wolf gefressen.«** Oder: **»Wer sich unter den Treber mengt, den fressen die Säue.«** So kann man davon ausgehen, dass hier gemeint ist, dass sich jemand selbst zum Braten gemacht hat, dem man deshalb kein Mitleid entgegenbringt.

Oft gebraucht man die Redensart auch, um auszudrücken, dass man **»jemanden weichkocht«**, damit er tut, was man von ihm will. Man kann sogar das Abwarten in einer Sache als **»etwas schmoren lassen«** bezeichnen.

Hier/Dort wird auch nur mit Wasser gekocht.

Bedeutung: Etwas oder jemand Beneidetes ist nicht wirklich herausragend oder besser, anderswo hat man auch keine besonderen Fähigkeiten oder Möglichkeiten.

Hintergrund: In Küchen kocht man sehr oft einfach mit Wasser, egal ob Sterne-Koch oder Hausmann. Um Mut zu machen oder zu trösten, war deshalb der Hinweis auf diese Grundtatsache sehr hilfreich.

das Salz in der Suppe sein, jemandem die Suppe versalzen; der Koch ist verliebt / hat Liebeskummer

Bedeutung: das Entscheidende sein, jemandes Pläne durchkreuzen/vereiteln; die Suppe ist versalzen

Hintergrund: Nicht nur in der Bibel gilt das Salz als wertvoll, ja als etwas entscheidend Wichtiges und Gutes, so im bekannten Wort des Matthäusevangeliums 5,13 »Ihr seid das Salz der Erde«. Als Würze war es ein notwendiger und erwünschter, leider teurer Bestandteil der Nahrung. In diesem Sinne besaß es eine ähnlich grundsätzliche Bedeutung wie die Suppe, mit der es in zahlreichen sprichwörtlichen Redensarten verbunden wurde. Die erste verdankt sich der überragenden Bedeutung als Würze. Im übertragenen Sinn fehlt einer Sache, einer Veranstaltung oder einem Kunstwerk das entscheidende, originelle Etwas – es wirkt fad wie eine salzlose Suppe. Im zweiten Fall dagegen geht es mehr um die Bedeutung von »Suppe« als allgemeiner Ausdruck für allerlei wie

»Sache«, »Pläne« etc. Zu viel Salz macht die Suppe ungenießbar, womit die Redensart für Vereitelungen aller Art geeignet war.

Tröstend hieß es nach ungewolltem Überwürzen: **»Es wird keiner Koch, ohne manche Suppe zu versalzen.«** Die Essenden witzelten darüber, indem sie die Ursache dafür in der Liebe suchten. Der unachtsame Salzgebrauch wurde darauf zurückgeführt, dass der Koch mit seinen Gedanken bei einem Objekt der Liebe war oder dass er Tränen über eine unglückliche Entwicklung derselben vergoss, die salzig in die Suppe fielen.

Da kommt die Brüh teurer als der Braten / die Fische.

Bedeutung: Der Aufwand für eine Nebensache steht in keinem Verhältnis zum Ertrag in der Hauptsache.

Hintergrund: Die Redensart ist leicht verständlich, denn der Fisch oder der Braten sind ja der entscheidende Bestandteil eines Gerichts, für den das meiste Geld beim Essenkochen aufgewendet werden sollte.

auf Sparflamme kochen, jemanden weichkochen

Bedeutung: mit einem auf ein Minimum reduzierten Einsatz an Geld, Engagement oder Energie / jemandes Widerstand brechen, besonders sein Schweigen

Hintergrund: Wer einen Gasherd hat, versteht die Redensart sofort. Hier kann man die Hitze exzellent regulieren, die größte Flamme verwenden, aber auch die besonders wenig Gas verbrauchende kleinste, die denn auch als **»Sparflamme«** sprichwörtlich wurde. Für manche Gerichte ist sie praktisch, manchmal verwendet man die Sparflamme dagegen aus Not. Die Redensart für minimalen Einsatz findet man heute sowohl positiv verwendet, weil Energie sparend, als auch negativ, weil mangelnden Einsatz versinnbildlichend.

Im Bereich der Gauner- und Polizeisprache kam eine ähnliche Redensart auf, die das intensive Verhör mit Hitzeentwicklung verknüpfte. Wie ein Stück Fleisch durch langes Köcheln weich wird, so wollten Polizisten durch emsige Fragen die Widerstandshaltung eines Verdächtigen **»weichkochen«.** Das gelang besonders gut mit geduldiger Unermüdlichkeit, worauf die Erweiterung **»jemanden auf kleiner Flamme weichkochen«** Bezug nimmt.

Wer schreibt, der bleibt

Rund ums Papier-, Buchbinde- und Druckhandwerk

Wespen können es schon viel länger als die Menschen: Papier herstellen. Doch der Käfer mit dem schönen Namen Buchdrucker und den schrecklichen Fraßfolgen kann gar keine Bücher drucken. Klar ist gleichwohl, dass man sich bei der Herstellung und Weiterbearbeitung von beschreibbaren Stoffen sehr oft von der Natur inspirieren ließ.

»Zauberstoff Papier« hieß eine Ausstellung im sogenannten Bleistiftschloss in Stein bei Nürnberg, und der Titel übertreibt nicht. Wesentlich teurer noch als handgeschöpftes Büttenpapier für Kunstdrucke sind Spezialpapiere für technische Anwendungen, zum Beispiel im Bereich der Filtertechnik. Und dabei ist nicht von Kaffeefiltern die Rede. Unseren Alltag begleitet der Zauberstoff in tausend Formen und Funktionen 24/7.

Wieso die Herstellung von Papier jahrhundertelang ein schöpferischer Prozess im Doppelsinn war, wird man in diesem Kapitel erfahren, aber auch, weshalb Papier revolutionäre Funktionen hatte. Wie sagte der Naturwissenschaftler und Autor Georg Christoph Lichtenberg: »Mehr als das Gold hat das Blei die Welt verändert und mehr als das Blei in der Flinte das Blei im Setzkasten.« Damit bedruckte man nämlich Papier und verbreitete Wissen.

Wer einmal den Geruch im Maschinensaal des Museums für Druckkunst in Leipzig genossen hat, weiß auch die sinnlichen Eindrücke eines Handwerks zu schätzen, das selbst in digitalen Zeiten unverzichtbar ist. Es duftet nach Eisen, Druckfarbe, Öl in einer ganz bestimmten Weise, die vielen verführerisch in die Nase steigt. Und die Geräusche einer schnaufenden, klirrenden Heidelberger Tiegelpresse oder einer Linotype, wenn die Typen sausen, um einen Bleisatz herstellen zu können, sind die reinste Musik. Man merkt: Schon gehen die Begeisterungsgäule mit dem Verfasser durch. Welcher Autor träumt nicht von einem handwerklich gesetzten, klassisch gebundenen Buch mit marmoriertem Vorsatz und Lesebändchen! Es müssen ja nicht gleich erhabene Bünde sein und altehrwürdiger Bleisatz.

Zum Glück erhalten Museen und kleine Werkstätten einen Wissens- und Fertigkeitenschatz, der sonst leicht in Vergessenheit geriete.

Wer einmal in den Bann dieser weißen und schwarzen Kunst geraten ist, der wird leicht lebenslang unter ihm stehen.

Freilich gibt es einen verwandten Stoff, der etwas zu Unrecht verachtet wird: Pappe. Davon abgesehen, dass die Bestellsucht der Gegenwart ohne Kartons undenkbar wäre, kann man aus diesem Material auch Kunstwerke, Möbel und Häuser bauen. Das Pappige und Grobe haftet aber an ihm wie der Kaugummi an der Schuhsohle.

Das belegt eine Redensart, die jeder Musiker kennt: **»etwas verpatzen«** bzw. **»jemandem unterläuft ein Patzer«.** Die Ausdrücke entstanden im 19. Jahrhundert, und während einige meinen, sie kämen aus der Musiksprache selbst und ahmten lautmalerisch laute, falsch gespielte Töne nach, spricht doch viel mehr dafür, dass sie aus dem Bereich der Papierherstellung stammen. Kartonagenfabriken beschimpfte man im 19. Jahrhundert nämlich als »Patzbuden«. Die Menschen, die darin tätig waren, oft Frauen, verachtete man als grobe, für feinere Papierherstellung nicht zu gebrauchende Arbeiter bzw. Arbeiterinnen. Sie wären ungeschickt, verpatzten alles. »Patzen« kommt dabei von »batzen«, einem alten Ausdruck für »klebrig, weich sein«, das zum »Batzen«, dem Klumpen, führte, dann auch zum Batzen im Sinne des Klebens und Kleisterns in der Kartonagenfabrik.

etwas verballhornen

Bedeutung: etwas – vor allem Texte – verschlimmbessern, lächerlich abändern, entstellt wiedergeben

Hintergrund: Seit gut vierhundert Jahren ist die Redensart sehr beliebt. Dahinter steckt ein Unschuldiger, wie sich gut belegen lässt. 1586 erschien eine Neuauflage des »Lübischen Rechts«. Das war eine wichtige Gesetzessammlung, die außer in Lübeck noch in hundert weiteren Orten des Ostseegebietes und darüber hinaus galt. Diese Neuauflage nannte man »verbesserte und korrigierte Version«, doch tatsächlich wies sie zahlreiche Fehler auf. Außerdem beurteilte man viele der darin aufgeführten neuen Bestimmungen als Verschlechterungen gegenüber den bis dahin geltenden. Kein Wunder, dass vehemente Kritik laut wurde. Das Wort »corrigiret« auf dem Titelblatt, das ja auch als »verbessert« verstanden werden kann, empfand man als Hohn.

Verantwortlich für die Neuausgabe waren die Bearbeiter, nämlich der Bürgermeister Johann Lüdinghusen, der Ratsherr Gottschalk von Stiten und der Syndikus Calixtus Schein. Sie ließen sich aber, vielleicht aus weiser Voraussicht, nicht auf dem Titelblatt der Gesetzessammlung nennen. Dort stand unten auf der Seite groß: »Gedruckt zu Lübeck durch Johann Balhorn«. Nach diesem Namen benannte man die ärgerliche Gesetzesausgabe bald »Editio Balhorniana«.

Obwohl er nichts dafür konnte, wurde damit der Drucker Johann Ballhorn der Jüngere (um 1550 – nach 1604), der in Wahrheit vorbildliche Arbeit geliefert hatte, sprichwörtlich für böswillige oder dümmliche Verschlimmbesserungen. Aus allerlei Varianten wie **»etwas nach Johann Ballhorn verbessern«, »Verjohannballhornung«** oder **»ballhornisieren«**

entstanden spätestens um 1800 die Redensarten »**etwas verballhornen**« und die **»Verballhornung«** in der heutigen Bedeutung, die längst auch bewusste Verdrehungen, Entstellungen und sogar Wortspiele aller Art umfasst.

Makulatur reden, bloß Makulatur sein

Bedeutung: Unsinn reden, wertlos sein

Hintergrund: Die meisten kennen den Ausdruck **»makellos«** für »fehlerfrei«, Katholiken das Wort **»Immaculata«** (die Unbefleckte) als Beiname für Maria, Genießer den Latte macchiato (»gefleckte Milch«), so manche Leidgeprüfte das Wort **»Makuladegeneration«,** bei dem es um krankhafte Veränderungen des Gelben Flecks im Auge geht. Schließlich verwenden Heimwerker Streichmakulatur oder Makulaturtapeten, um einen guten Haftgrund herzustellen.

Hinter letzteren Ausdrücken stecken die Drucker, die schon in der Frühzeit ihres Handwerks nicht immer makellos arbeiteten. So konnten zu viel Druckfarbe oder nicht exakt geschnittene Schrifttypen, aber auch

IN BAUSCH UND BOGEN

Viele Leser und Leserinnen werden die Redensart für pauschales Urteilen in diesem Kapitel erwarten, erklärt man sie doch oft mit dem alten Papiermaß »Pauscht« oder »Bausch«. Das bezeichnete einen Ballen von 181 Bögen Papier und 182 dünnen Fließtüchern dazwischen.

Der Gleichklang verführt, doch fehlt hier die Bedeutungsnuance des Summarischen, Ungefähren. Tatsächlich geht es wohl um einen Brauch bei Grundstückskäufen. Die Grenzen von Liegenschaften passen sich ja oft Naturgegebenheiten an, haben also Kurven, Ein- und Ausbuchtungen. »Bausch« nannte man die Ausbuchtung einer solchen Grenze, »Boge« die Einbuchtung. Verkaufte man Land »in Bausch und Bogen«, so hieß das, man verkaufte, ohne auf genaue Verrechnung der Flächen zu achten. Aus »Bausch« wurde im Amtsdeutsch »Pausch«, daraus das latinisierende Adjektiv *pauschalis* und daraus wiederum unser »pauschal«.

zu wenig saugkräftiges Papier zu Flecken auf dem Druckbogen führen. Das fehlerhafte Exemplar nannten die Drucker, von denen viele gute Bildung besaßen, spätestens seit Anfang des 16. Jahrhunderts neulateinisch *maculatura*. Das entstand aus dem älteren *maculare* für »fleckig machen, beflecken, entehren«.

Die befleckten Papierbögen hießen also bald »Makulaturbögen« und wanderten als Fehldruck ins Altpapier. Daraus wurde in der Regel wieder Papierbrei gemacht, weshalb auch dieser **»Makulatur«** genannt wurde. Und so bezieht sich die Redensart für wertloses, unsinniges Gerede entweder direkt auf die fehlerhaften und damit wertlosen Druckbogen, auf den im Vergleich zu den schönen Druckerzeugnissen verächtlichen Papierbrei oder auf beides. Autoren graut es übrigens vor dem Makulieren, also Zerstören ihrer Bücher fast noch mehr als vor dem Verramschen – dem Verhökern zu Billigstpreisen an moderne Antiquariate.

ein Haderlump sein; ein Lumpensammler

Bedeutung: ein schäbiger Mensch sein; der letzte Bus oder Zug, die letzte Tram oder Metro einer Linie

Hintergrund: Die Papiermacher wären früher ohne Lumpensammler arbeitslos gewesen. Diese zogen meist mit Handkarren durch die Orte, um Stoffreste und Altkleider, »Hadern« oder »Lumpen« genannt, zu sammeln. Das war lange Zeit das wichtigste Ausgangsmaterial der Papierherstellung. Dennoch verachtete man sowohl die Leute wie das Sammelgut, sodass die Schimpfwörter **»Lump«** und als Steigerung **»Haderlump«** entstanden.

Damit verspottete man auch Trinker, die in den Kneipen blieben, bis das allerletzte öffentliche Verkehrsmittel fuhr. Aus dem **»Lumpensammler«** mit dem Handkarren wurde so ein Sammelwagen für menschliche Lumpen.

eine Einladung auf Büttenpapier benötigen

Bedeutung: außerordentlich zögerlich auf Aufforderungen u. Ä. reagieren

Hintergrund: Das handwerklich aufwendig herzustellende, kostbare, handgeschöpfte Papier mit gefranstem Rand nennt man seit Mitte des

19. Jahrhunderts nach dem Fass oder der Bütte, aus dem der Papierbrei geschöpft wird, **»Büttenpapier«.** Man benutzt es wegen seines Preises und seiner Qualität vor allem für Werke der Druckkunst. Für förmliche Einladungen wird man zwar besonderes Papier auswählen, aber Büttenpapier ist selbst dafür die Ausnahme.

So ist die Ironie der Redensart zu verstehen, die gar nicht selten in recht derbem Zusammenhang verwendet wird, auf Baustellen, im Militär, in Schulen, überall dort, wo jemand auf eine Aufforderung nicht oder außerordentlich zögerlich reagiert.

ein elektronisches/digitales Wasserzeichen sein

Bedeutung: ein elektronisches bzw. digitales und schwer fälschbares Echtheitsmerkmal sein

Hintergrund: Wasserzeichen begegnen uns heutzutage außerordentlich selten als Markierung teuren Schreibpapiers, tagtäglich dagegen als Echtheitsmerkmal von Banknoten. Es handelt sich um eine im Grunde über 700 Jahre alte Technik, beim Schöpfen von Papier mithilfe bestimmter Siebe Muster aus unterschiedlichen Papierstärken zu erzeugen, die erst richtig im Gegenlicht sichtbar werden.

Die geniale Erfindung des Papiermacherhandwerks imponierte auch heutigen Sicherheitstechnikern im IT-Bereich, die deshalb die Redensart vom **»digitalen/elektronischen Wasserzeichen«** prägten. Sie bezeichnet Kleinstprogramme zur digitalen Markierung, die als Sicherheitsmerkmale fungieren – egal ob in Bild- oder Textdateien. Sie sind selbst für kriminelle Fachleute so gut wie nicht veränderbar und für Laien nicht einmal auffindbar.

einen Schnitzer machen, sich einen Schnitzer leisten

Bedeutung: einen Fehler machen

Hintergrund: Sorgfältig gräbt der Holzschnitzer oder der Holzstecher ein filigranes Figurenminenspiel oder feine Linienfolgen ins Holz eines Druckstocks hinein. Und dann rutschen ihm Schnitzmesser oder Stichel plötzlich aus und verderben die ganze Arbeit im Nu.

Genau darum geht es in der altehrwürdigen Redensart, die seit dem 17. Jahrhundert üblich ist und interessanterweise sehr häufig in Verbindung mit fehlerhafter Sprache vorkommt und zum Wort **»Sprachschnitzer«** führte.

Oft verbindet man den Ausdruck mit dem Adjektiv »grob«, was noch einmal den Kontrast zwischen feiner Schnitzarbeit und ungeschickter Werkzeugführung, zwischen kunstvoller Sprachkunst und einem dummen Lapsus linguae hervorhebt.

in holzschnittartigen/groben Zügen

Bedeutung: derb und kräftig umrissen, in grober Darstellung

Hintergrund: Die Formel hört man sowohl negativ als auch positiv, wie es ihrem Ursprung entspricht, nämlich der Tätigkeit der Holzschneider. Der Holzschnitt trat um 1400 seinen Siegeszug an, nachdem Ulman Stromer 1390 in Nürnberg die erste Papiermühle nördlich der Alpen eröffnet hatte. Viele folgten ihm und produzierten bald in ganz Mitteleuropa Papier in großer Menge und zu einem günstigen Preis. Der Holzschnitt als ebenfalls preisgünstige Technik des Hochdrucks kam hinzu, und so konnte man – in sonst bildarmer Zeit – in hohen Auflagen bebilderte Flugblätter, Flugschriften und Buchillustrationen herstellen.

Die Qualität reichte dabei von sehr groben bis zu detailreichen Darstellungen. Mit dem Aufkommen des Holzstichs und des Kupferstichs, die noch feinere – eben »gestochen scharfe« – Striche erlaubten, geriet der Holzschnitt zunehmend in den Ruf, eine derbe Darstellungsform zu sein. Das schlechte Image wurde verstärkt durch die massenhafte Verbreitung billiger Schriften mit einfachen Holzschnitten.

Die positive Auffassung kommt daher, dass es von Vorteil sein kann, etwas in klaren Umrissen und damit sofort und eindeutig erkennbar darzustellen; außerdem ist nicht immer Zeit für feinste Differenzierungen. Zudem kann man etwas Volkstümliches damit verbinden. So lobte Goethe das »Lindenschmied«-Lied aus der Volksliedsammlung »Des Knaben Wunderhorn« mit den Worten »von dem Reiterhaften, Holzschnittartigen die allerbeste Sorte«, und Matthias Claudius' »Der Tod und das Mädchen« nannte er »holzschnittmäßig lobenswürdig«.

Der Ausdruck »Zug« ist ein weiterer Hinweis auf die Bildkunst, bezeichnet er doch die Linie, die mit einer Schreibfeder oder eben einem Schnitzmesser gezogen wird. Und so sagt man auch, wenn man etwas nur rasch und zur Deutlichkeit reduziert wiedergibt, **»in groben Zügen«.**

eine Deadline setzen/einhalten

Bedeutung: einen absoluten Endtermin oder eine absolute Grenze setzen/einhalten

Hintergrund: Zuerst begegnet man einer *death line* im Amerikanischen Bürgerkrieg (1861–1865) im Zusammenhang mit einem Prozess um das »Camp Sumter« in Andersonville, Georgia. Es handelte sich um ein improvisiertes Gefangenenlager, dessen Leiter Henry Wirz Zehntausende Gefangene in Zelten zusammenpferchen ließ. 1864/65 starben 13 000 von ihnen. Berüchtigt war dort eine mit Latten auf Pfosten markierte Grenze, die *death line,* deren bloße Berührung dazu führte, dass Internierte erschossen wurden.

Der Ausdruck erschien den Druckmaschinen-Erfindern in den USA wohl sehr einleuchtend; nach 1900 findet man nämlich in der Beschreibung von Druckmaschinen die *deadline*. Sie begrenzte den Bereich einer Vorlage, der nicht mehr gedruckt wurde.

Kein Wunder, dass man das Wort kurz darauf im Zeitungsgewerbe findet, wo man täglich mit den Maschinen zu tun hatte. Man nannte dort analog zum Nichtdruckbereich der Druckvorlage nun auch den Redaktionsschluss von Zeitungen so. Wie so oft übertrug man dabei eine Redensart des Raums auf eine der Zeit; man denke nur an die »lange Zeit« oder »Langeweile«.

Kamen jedenfalls Texte nach dieser *deadline* in die Redaktion, waren sie gleichsam tot, weil für die aktuelle Ausgabe zu spät. Sie wurden – genau wie die Bereiche hinter der *deadline* der Druckmaschinen – nicht gedruckt. Aus der Sphäre der rasenden Reporter wanderte der Ausdruck ins Geschäftsleben der USA ein als Redensart für einen absoluten Endtermin oder einen Stichtag, und nach dem Zweiten Weltkrieg kam sie gleichbedeutend zu uns.

lügen wie gedruckt

Bedeutung: hemmungslos lügen

Hintergrund: Gut hundert Jahre nach Erfindung der Druckerpresse samt beweglichen Lettern durch Johannes Gutenberg liest man schon in Johann Fischarts »Aller Praktik Großmutter« (1572) den Vers: **»Die Lüge ist gedruckt, drum ist sie so geschmuckt.«**

Die Gründe für das entschiedene Misstrauen gegenüber dem gedruckten Wort erklären sich einerseits aus der so früh wie vehement einsetzenden Propaganda der katholischen Kirche gegen die neue Technik, da Schriften zum ersten Mal nicht mehr durch die Sorgfalt eines menschlichen Schreibers entstanden, sondern maschinell. Ein Schreibfehler, so hieß es außerdem, stehe in einer Abschrift, ein Druckfehler in Hunderten Exemplaren oder gar Tausenden. Andererseits nutzte man die günstige Vervielfältigungstechnik, um schnell Geld mit Sensationsberichten und Horrormeldungen zu machen, die man als Flugblatt oder Flugschrift verbreitete. Bald traten auch Kalendermacher auf den Plan, die wegen ihrer Prophezeiungen und erfundenen Geschichten ebenfalls einen schlechten Ruf hatten. **»Lügen wie ein Kalender(-macher)«** bedeutete außerdem »das ganze Jahr über / unentwegt lügen«.

Weitere Vergleiche unterstützten die Entstehung von **»lügen wie gedruckt«,** vor allem **»lügen wie ein Buch«,** was bedeutete, dass jemand in sich stimmig, folgerichtig und wohlbegründet log, als handelte es sich um eine gedruckte Abhandlung.

Als Steigerung bürgerte sich **»lügen wie ein Buchdrucker«** ein, womit man darauf anspielte, dass Buchdrucker häufig auch Zeitungen produzierten, die sie mit Nachrichten aller Art füllten, wobei sie dieselben, wie man mutmaßte, oft gleich selbst erfanden. Kein Wunder, dass **»er lügt wie eine Zeitung«** im 18. Jahrhundert schon sehr geläufig war. Dabei ist zu bedenken, dass es damals so gut wie keinen unabhängigen Journalismus gab. Die Publikationen standen meist unter strenger amtlicher Aufsicht, ja erschienen von Amts wegen. Und öffentlichen Verlautbarungen glaubte man deshalb zu Recht wenig. **»Er lügt wie das Amtsblatt«** ist aus diesem Zusammenhang leicht verständlich.

Im 19. Jahrhundert mit seinen Sensationsblättern, die regelmäßig sprichwörtlich gewordene **Enten** veröffentlichten, verbesserte sich der Ruf der von den Druckern hergestellten Blätter nicht wesentlich. Heinrich Heine schreibt 1840: »Ich fürchte fast, es ist nicht wahr, denn es ist gedruckt.« Und der preußische Kanzler Bismarck ließ sich am 13.2.1869 über lügenhafte Telegramme folgendermaßen aus: »Wenn bis zum Jahre 1848 das Sprichwort: Er lügt wie gedruckt, galt, so kann man jetzt sagen: Er lügt wie telegraphirt.«

Obwohl die Standards im Journalismus wie im Buchdruck heute deutlich höher sind als im 16. Jahrhundert, als man die Redensart erfand, bleibt sie auch im Zeitalter des Digitaldrucks unsterblich, wozu Revolverblätter und Sensationspresse beitragen. Zumindest sprachlich kreativ argumentiert die Zeitung »Junge Freiheit« mit einer Anspielung auf die Redensart: »Wir drucken, was sie lügen«. Dass die mit der Redensart verwandte, aktuell so oft und bedenkenlos verwendete Vokabel »Lügenpresse« ein dämlich pauschales Totschlagargument ist, wird jeder denkende Mensch wissen.

Fraktur sprechen

Bedeutung: unverblümt seine Meinung sagen

Hintergrund: Die im Volksmund »altdeutsche Schrift« genannte Fraktur verdankt ihren Namen den gebrochenen Linien (aus dem lateinischen *frangere* für »zerbrechen«), aus denen sich ihre Buchstaben zusammensetzen. Über lange Zeit die gebräuchliche Schrift der Drucker im deutschsprachigen Gebiet, konnte sie für das Deutsche generell stehen, zumal fremdsprachige Ausdrücke oder Fremdwörter gewöhnlich in anderen Schriften wie beispielsweise der Antiqua gesetzt wurden.

Nun sagte man sowieso schon **»deutsch mit jemandem reden«** für »unverblümt mit jemandem reden«, weshalb sich **»Fraktur reden«** als Variante anbot. Dazu kam aber noch der Umstand, dass Gelehrte außerhalb und innerhalb Deutschlands die Fraktur als eine grobe Druckschrift empfanden, und das passte zu unverschnörkelter, direkter Rede.

etwas abkupfern; alter Freund und Kupferstecher

Bedeutung: etwas unrechtmäßig abschreiben oder sonstwie entlehnen; lieber Freund

Hintergrund: Der Kupferstich diente seit seiner Erfindung als eine vergleichsweise genaue und günstige Reproduktionstechnik. Vor allem Gemälde konnte man auf diese Weise vielen Betrachtern, wenngleich nur in Graustufen, zugänglich machen. Das **»Abkupfern«** war also eine bloß reproduzierende Tätigkeit, die im Vergleich mit der des Originalkünstlers verächtlich erschien.

Die Redensart verbreitete sich unter Studenten und Schülern, aber auch in den Medien, um Ideenklau aller Art zu kritisieren. Ansonsten hat sich die Berufsbezeichnung vor allem in der Floskel **»alter Freund**

und Kupferstecher« erhalten, die bislang unerklärbar bleibt. Auf jeden Fall ist sie älter als die oft als Erklärung herangezogene Verwendung bei Friedrich Rückert, der seinen Freund und Kupferstecher Karl Barth ähnlich nannte.

(Druck-)Fahnen lesen, Fahnenkorrektur vornehmen u. Ä.

Bedeutung: die Vorstufe eines zu druckenden Werkes Korrektur lesen

Hintergrund: Aus Gründen der Sparsamkeit stellte man in Druckereien zu Korrekturzwecken erste Abzüge eines gesetzten Werkes her, die man in den Verlagen und von den Autoren korrigieren ließ. Nicht selten druckte man sie auf lange Papierstreifen, die länglichen Fahnen glichen, wie sie an Masten hängen.

Obwohl man diese Art der Korrekturausdrucke längst nicht mehr verwendet, sondern elektronische Vorformen hin- und herschickt, halten sich die Ausdrücke mit den Fahnen bis heute.

eine Bleiwüste sein

Bedeutung: eine Zeitungsseite ohne Bilder, eine Ausstellungsvitrine mit ausschließlich Texten sein

Hintergrund: Wiewohl das Zeitalter des Drucks mit Bleilettern längst vorüber ist und eigentlich auch nie bestand, da man für die Drucktypen nicht Blei, sondern eine Legierung verwendete, sterben bestimmte sprichwörtliche Ausdrücke nicht aus. So liest man im Bereich der Zeitungs- oder Ausstellungskritik bei großer Textlastigkeit von »Bleiwüsten«, weil keine Bildoase den Blick der Betrachtenden erquickt.

ein billiger Abklatsch / bloß ein Abklatsch von etwas sein, ein bloßes Klischee / eine Klischeevorstellung sein

Bedeutung: eine unoriginelle, schlechte Kopie von etwas sein, einem Vorurteil bzw. Gemeinplatz entsprechen / eine vorgeprägte, floskelhafte, stereotype Denkform sein

Hintergrund: »Abklatsch« und »Klischee« stammen beide aus dem Druckerhandwerk und hängen eng zusammen, schon in dem Aspekt, dass sie wohl lautmalerischen Ursprung haben.

Das **»Klischee«** verdanken wir dem Französischen, wo es eine Druckform bezeichnet. Ihr Name kommt angeblich vom klatschenden Geräusch, das bei einem Vorabzug entsteht, wenn man das Papier mit Bürsten auf die mit Druckerfarbe eingefärbte Druckform klopft. In Deutschland nannte man das Ergebnis dieses Druckens ohne Druckerpresse **»Abklatsch«,** und weil es lediglich ein provisorischer Abzug für Zwecke der Korrektur war, erhielt das Wort eine negative Bedeutung.

Genauso hieß übrigens auch das Ergebnis bei der Vervielfältigung von Dokumenten mithilfe der Kopierpresse. Bei dieser Technik schrieb man mit dem speziell dafür entwickelten Kopierstift einen Originaltext, der dann in die Kopierpresse kam. Man legte ein leicht feuchtes und sehr dünnes Papier darauf, auf das sich die Schrift übertrug, und bekam so nach einigen Stunden etwas, das man den »Abklatsch« nannte, eine spiegelverkehrte Version des Originals, die durch das dünne Papier normal lesbar war, wenn man es umdrehte.

Das Klischee als feste, immer gleiche Druck- und dann Denkform wie der Abklatsch als bloße Kopie eines Originals gingen sprichwörtlich in die Alltagssprache ein.

eine Blaupause für etwas sein

Bedeutung: ein Plan oder Entwurf für etwas sein

Hintergrund: Architektur- oder Maschinenpläne zu vervielfältigen war eine große Herausforderung für das Druckhandwerk. Die Lösung kam mit der Cyanotypie, also wörtlich »Blaudruck«, bei dem Licht schwarze Linien eines Transparentpapiers auf ein bläuliches Papier überträgt, wo sie dann als helle bzw. weiße erscheinen.

Weil das Verfahren für Entwürfe und Pläne verwendet wurde, wurde es rasch sprichwörtlich für diesen Bereich – übrigens auch im Englischen, wie der Hit *Blueprint of my Lover* der Gruppe »Rainbirds« belegt.

Unter Strom – was sonst!?

Elektro- und informationstechnisches Handwerk, Grafikdesign

Der Bernstein steht am Beginn der Elektronik. Glauben Sie nicht? Dann schauen Sie doch einmal in einer Suchmaschine Ihrer Wahl nach. Bernstein hieß im alten Griechenland schon *elektron*. Den Griechen der Antike war nämlich aufgefallen, dass der Bernstein eine Energie abgibt, wenn man ihn zum Beispiel mit einem Fell streichelt. Da entluden sich sogar kleine Blitze, die bitzelten auf der Haut. Unglaublich. Was war das für eine Energie? Wie sollte man sie nennen? Na, nach dem Bernstein, und so steckt dessen Name noch in der ausgefuchstesten, abgefahrensten Elektronik unserer Gegenwart. Dass wir selbst ohne natürlichen Strom keinen Herzschlag hätten, geschweige denn einen Gedanken fassen oder Muskeln kontrahieren könnten, sei nur am Rande erwähnt.

Bis wir es handwerklich in den Griff bekamen, mussten jedoch erst eine Menge »Maßmenschen« das, was da fließt wie ein Strom und deshalb Strom heißt, erforschen. Das Wort »Maßmenschen« erfand der Autor Ernst Schwenk als Titel für sein Werk über Forscher, nach denen Maßeinheiten benannt wurden. Beneidenswerte Idee! Ein paar Namen gefällig? Volt, Watt, Ohm, Ampere, Hertz. Und schon wieder klingelt's. Schauen Sie einmal nach, was wir diesen Herren verdanken.

Nach ihnen kamen Legionen von Handwerkern, denen keine Leitung zu lang war, die geniale Schaltungen ausbaldowerten, Sprache in Wellen verwandelten und wieder zurück. Sie bauten Heizungen in Häuser und Autositze ein. Sie stellten Elektromotoren her, die unerhört effizient und mit Strom aus Sonnenenergie vergleichsweise »grün« liefen. Ebenso wichtig sind heute die erstaunlich vielen anderen Elektroantriebe, die winzig oder riesig sein können, Prothesenfinger bewegen oder in Kränen schwerste Lasten heben.

Wer in den sozial wie ökologisch so wichtigen Repair-Cafés zu Gast ist, wird die Spannung bemerken, die in der Luft liegt, wenn die Plastikschalen entfernt sind und alte Handwerkshasen im Ruhestand den Laien erklären, warum ihr Haartrockner, ihr Plattenspieler oder ihre Modelleisenbahnlok nicht mehr tun, was sie sollen. Ein Schraubendreher mit Phasenprüfer ist spätestens danach immer mit dabei.

wissen, was Phase ist

Bedeutung: wissen, was entscheidend/wichtig ist

Hintergrund: Die Redensart hört man unter Leuten, die mit Strom zu tun haben, besonders natürlich unter Elektrotechnikern in Situationen, in denen jemand nachlässig oder unaufmerksam ist oder eine Sache verkehrt anpackt. Dann heißt es: **»Du weißt schon, was Phase ist?«**

Es handelt sich höchstwahrscheinlich um eine kluge Angleichung der älteren Redensart **»wissen, was Sache ist«** an das eigene Handwerk. Bei Elektrikern ist es in der Tat entscheidend zu wissen, um was für eine Art Stromleiter es sich gerade handelt.

Im Austausch mit Handwerkern aus den Bereichen Modellbau, Tischlerei oder Maschinenbau gibt es durchaus Missverständnisse und Fehlschreibungen, weil dort »Fase« die abgeschrägte Kante an Bauteilen ist, die mit Hobel, Feile o. Ä. zur Entfernung von Graten, zur Verbesserung der Montierbarkeit oder Verringerung von Verletzungen hergestellt wird.

19-Zoll-Gespräche führen

Bedeutung: Gespräche unter Experten, standardisierte/klare Gespräche

Hintergrund: Die in vielen Bereichen wie der Elektrotechnik, aber auch der Tontechnik bekannte Redensart geht zurück auf das Standardmaß für professionelle Geräte, vor allem in der Elektrotechnik, die üblicherweise in einem 19-Zoll-Rack eingebaut werden. In der Forschungs- und Entwicklungsabteilung jedes Technologieunternehmens stehen solche Racks, in welche Entwickler ihre Prototypen integrieren können. Genauso ist es in der professionellen Tonstudio-Technik, wo Aufnahme- und Wiedergabegeräte in 19-Zoll-Racks stecken.

Die Standardisierung wie die Besonderheit, dass es hier um den Profibereich geht, führten zu sprichwörtlicher Verwendung in der übertragenen Bedeutung.

(bei) jemandem sind die Sicherungen durchgebrannt

Bedeutung: jemand hat die Selbstbeherrschung verloren

Hintergrund: Man mag mir erlauben, von einem Blitzeinschlag in mein Elternhaus zu berichten, nach dem im Stromkasten alle Sicherungen sichtbar durchgebrannt waren und ein spezifisch stechender Geruch den Flur erfüllte.

Die durchgebrannten Schmelzsicherungen hatten Schlimmeres verhütet und mussten nun alle ersetzt werden. Sie heißen übrigens so wegen des Sicherheitsdrahts, der schmilzt, wenn zu viel und zu starker Strom in einer definierten Zeit hindurchfließt. Damit schützen sie weitere Leitungen vor dem mächtigen Blitz-Strom und in unserem Fall damit auch das Haus vor einem Brand.

Die Redensart passt gut, denn die Selbstbeherrschung funktioniert auch wie eine Sicherung. Und wenn hitzige Wut sie durchbrennen lässt, kommt es zu ungezügelten Ausbrüchen und verrückten Aktionen.

unter Strom stehen

Bedeutung: angespannt/gestresst sein, unter hoher Belastung stehen

Hintergrund: Leitungen, in denen Strom fließt, durchziehen unseren ganzen Körper: die Nerven. Neben chemischen Botenstoffen sind elektrische Impulse unsere wichtigste Informationsmöglichkeit physischer Art. Und so stehen wir eigentlich immer »unter Strom«, solange wir leben.

Natürlich kennen wir aus dem elektrotechnischen Bereich den Begriff **»unter Strom stehen«** erst recht, und selbst bei Wanderungen durch die Berge warnen Schilder vor Weidezäunen, weil sie »unter Strom stehen«. Wer das missachtet, **»kriegt eine gewischt / einen Schlag«,** und in der Tat fühlt sich so etwas bei entsprechend hohen Werten fast so an, als wäre man geschlagen worden.

Der »Stromschlag« wiederum wurde als Begriff nach den altbekannten körperlichen Phänomenen Herz- oder Hirnschlag gebildet. Wieder einmal freut sich der Volksmund an Analogien, ohne fachlich genau zu sein. Das gilt für »unter Strom stehen« auch. Die Redensart impliziert eine Menge Strom, die jemanden sehr stark aktiviert und wie einen Elektromotor auf hohe Touren bringt. Gleichzeitig führt die Verbindung des traditionellen Bildes angespannter Muskulatur zur Übertragung auf weitere Bereiche wie angespannte Nerven, angespannter Geist, was wiederum recht folgerichtig auch auf den Bereich des Stroms übertragen wurde, wo »Spannung« verkürzt für »Stromspannung« steht. Und so erklärt sich die Vorstellung, dass ein gestresster, angespannter Mensch »unter (einer Menge) Strom steht«.

DER MENSCH ALS MASCHINE

Längst wissen wir, wie klein doch der Schritt vom Menschen zum Roboter ist. Robot heißt in den slawischen Sprachen einfach »arbeiten«. Josef und Karel Čapek erfanden 1924 den Ausdruck »Roboter« für menschenähnliche Maschinenwesen, die in einem Theaterstück Karel Čapeks als Arbeitssklaven in einem Spezialgefäß herangezüchtet werden. Commander Data aus »Star Trek« ist ihr hoch entwickelter Nachfahre, wenngleich er »Android«, also »Menschenähnlicher« genannt wird. Diese Bezeichnung wäre auch für die Roboter der Čapeks eigentlich treffender gewesen. Der Begriff »Roboter« wurde nämlich schnell auf Maschinen übertragen, die nicht unbedingt menschlich aussehen, sondern vor allem selbstständig arbeiten. Was heute am Fließband Schweißpunkte setzt oder fräst und dreht, hat zwar Arme, aber keine Beine, hat zwar Sensoren aller Art, aber kein Gesicht.

Etwas unheimlich sind sie uns wohl in beiden Fällen, die künstlichen, technischen Wesen, die einem bereits in »Tausendundeiner Nacht« begegnen. Doch erst der französische Philosoph Julien Offray de La Mettrie machte Ernst damit, dass der Mensch selbst einer Maschine in vielen Punkten gleiche. Er braucht Treibstoff wie sie, er stößt Reste desselben aus wie sie, er ermüdet wie sie, wenn auch früher, er agiert aufgrund eines Reiz-Reaktionsschemas wie sie. Selbst seine Gefühle, seine Motive sind als mechanische oder chemisch-elektrische Prozesse erklärbar. So heißt La Mettries berühmtestes Werk aus dem Jahr 1747 »L'homme Machine«, »Der Mensch eine Maschine«. Obwohl die Theologen und Philosophen das Buch verdammten, machte der Volksmund sich das Bild vom »Maschinenmenschen« schnell zu eigen, und es ist bis heute quicklebendig, da nicht wenige von uns durch Implantate aller Art einem Cyborg zu ähneln beginnen.

Jedenfalls erklärt das die unerhörte Fülle von sprichwörtlichen Körperredensarten, die aus der mechanischen oder elektrotechnischen Sphäre stammen, die unsere menschliche Physis mit Autos, Lokomotiven, Dampfmaschinen oder Telefonen vergleichen.

eine Kurzschlusshandlung

Bedeutung: im Affekt, ohne Nachdenken handeln

Hintergrund: Die Redensart selbst ist eine Art Kurzschlusshandlung, schließt sie doch das argumentative Schließen, also den Gedankenschluss, mit dem Fachwort der Elektrotechnik kurz, ohne sich über die Adäquatheit – abgesehen von der sprachlichen Ähnlichkeit – Gedanken zu machen.

Die vielfältigen Formen des durchaus oft erwünschten, noch häufiger aber unerwünschten Kurzschlusses auch nur aufzuführen oder gar zu erklären erforderte Seiten. Es genügt wahrscheinlich, auf unliebsame Erfahrungen vieler Heimwerker hinzuweisen, die mit schadhaften Isolierungen zu tun hatten oder mit Arbeiten an elektrischen Geräten, die noch unter Strom standen. Tritt hierbei ein Kurzschluss auf, erlebt man urplötzliche, eindrucksvolle Effekte bis hin zu lebensgefährlichen Überspannungserlebnissen, die man hoffentlich übersteht.

Die Redensart bedient sich der Spannung und Plötzlichkeit dieses für den Laien meist dramatischen Strom-Ereignisses und verknüpft es mit gedankenlosen Handlungen, bei denen beispielsweise jemand zu kurz – im Sinne von unterkomplex – gedankliche Schlüsse zieht bzw. direkt, plötzlich und unreflektiert auf einen Außenreiz reagiert.

einen Blackout haben

Bedeutung: einen plötzlichen und weiträumigen Stromausfall haben, einen Erinnerungsverlust haben, einen schweren Fehler wegen plötzlichen Konzentrationsverlustes machen

Hintergrund: Die meisten denken, die bedeutungsreiche Redensart komme vom Stromausfall her, weil da alle Lichter ausgehen und weil Dunkelheit im Hirn mit fehlendem Gedächtnis schon lange verbunden wird. Und es stimmt durchaus. Kaum etwas fürchtet die moderne Gesellschaft so sehr wie einen gigantischen Blackout – ob durch Sonnenwinde ausgelöst, einen elektromagnetischen Impuls, einen Hackerangriff oder eine Netzüberlastung.

Allerdings gibt es den Blackout auch in der Kabarett-, Comedy- oder Theaterszene. Aus ihr stammt das Fachwort ursprünglich, genauer gesagt aus der englischen. Da gab es bereits im 19. Jahrhundert einen besonderen Effekt. Man löschte als Zeichen eines harten Szenenwechsels oder für die Pause plötzlich das gesamte Bühnenlicht. Mit diesem Schwarz ging man aus der Szene und nannte das *black out*. Seit Strom als Lichtquelle immer beliebter wurde, kam es natürlich auch schon mal zu einem Ausfall desselben. Man erinnerte sich des Theaterausdrucks, denn nun hatte man in allen Stuben diesen *black out*. Mit dem Zweiten Weltkrieg erhielt das Wort zusätzliche Bekanntheit, da es die Verdunkelung als Schutz vor Bomberangriffen beschrieb.

In Deutschland kam das Wort erst recht spät in Gebrauch. Dabei spielte einerseits der totale Stromausfall in New York 1977 eine große Rolle, da die Nachrichten den Begriff unübersetzt aus den US-Medien übernahmen, und andererseits Heiner Geißlers Verwendung des Ausdrucks in Bezug auf Helmut Kohl und seine mehr als unklaren Äußerungen in einem Untersuchungsausschuss des Mainzer Landtags. Das Wort des CDU-Generalsekretärs blieb am Bundeskanzler haften, sodass 1986 ein Buch mit dem programmatischen Titel »Blackout. Die Affären des Helmut Kohl« erschien. Und spätestens jetzt kannte es jeder auch als Redensart für einen massiven Gedächtnisausfall.

eine lange Leitung haben, auf der Leitung stehen

Bedeutung: nur langsam begreifen, etwas nicht begreifen

Hintergrund: Beide umgangssprachlichen Redensarten sind erst gut hundert Jahre alt. Damals faszinierte die fortschreitende Elektrifizierung allgemein und besonders die Kommunikationstechniken Telegraf und Telefon. Immer wird durch Leitungen etwas außerordentlich rasch transportiert, ob Strom oder Information. Je größer die zu überbrückenden Entfernungen, umso höher der Leistungsverlust und umso größer die Störanfälligkeit.

Das ließ sich leicht mit der schon erwähnten Vorstellung vom Menschen als Maschine verbinden, wusste man doch längst, dass auch im Körper elektrische Ströme wirken. Wer langsam kapierte, der hatte anscheinend sehr lange Informationsleitungen im Gehirn, das auch noch einem aufgewickelten Schlauch glich. Dazu passt die etwas jüngere Redensart **»auf dem Schlauch stehen«**. Bei einem Gartenschlauch kommt in dem Fall kein Wasser mehr durch, bei einem Menschen mit Begriffsstutzigkeit kommt keine Information durch die Schläuche des Gehirns.

auf Draht sein, einen guten/schlechten Draht zu jemandem haben

Bedeutung: wachsam/aufmerksam/handlungsbereit sein, eine gute/schlechte Beziehung zu jemandem haben

Hintergrund: Bei der zweiten Redensart ist die Erklärung recht einfach, spricht man doch auch ganz allgemein von »Verbindung«, geht es um die Beziehung zwischen Menschen. Besonders der für raschen diplomatischen Austausch entscheidende Telegraf mit seinem Draht als Informationstransportmittel stellte sich als Sprachbild ein, um gute oder schlechte Verbindungen zu bezeichnen. So verwendete man die Redensart bereits Ende des 19. Jahrhunderts im heutigen Sinn.

Bei der ersten ist man sich dagegen nicht sicher. Natürlich liegt es nahe, **»auf Draht sein**« mit »unter Strom stehen« zu verknüpfen. Es hieße dann, dass jemand einer Stromleitung gleiche, die bereit sei, Leistung abzugeben. Eine zweite Idee geht vom Bild eines Geschäftsmannes aus, der immer telegrafisch erreichbar ist. Eine dritte bezieht sich auf ältere Redensarten wie **»auf Draht gezogen«.** Das bezog man auf besonders steif und gerade stehende Menschen, aber auch auf eine gewisse Stabilität – wie bei anatomischen Modellen, bei denen die Knochen auf Draht gezogen sind. In Zusammenhang mit dem Draht für die Informationsübertragung könnte das auch für rasche Auffassungsgabe und Bereitschaft stehen.

es funkt bei jemandem, es hat gefunkt zwischen zwei Menschen

Bedeutung: jemand begreift endlich, es entsteht plötzlich starke Sympathie/Liebe

Hintergrund: So gut wie alle Kulturen kennen die Assoziation von Licht mit Erkenntnis. Kommt eine Erkenntnis besonders schnell, dann vergleicht man sie mit dem Naturphänomen Blitz – und fertig ist **»einen Gedankenblitz haben«.** Die Redensart für ein Aha-Erlebnis wich um 1900 immer mehr einer neueren Metapher aus dem Bereich menschlich erzeugter Elektrofunken, die ebenfalls plötzliche Erhellung brachten: **»Es funkt.«**

Blitzartig schlägt auch die Liebe ein. Kein Wunder, dass **»es hat zwischen ihnen gefunkt«** sich um die gleiche Zeit einbürgern konnte.

Dazu trug eine technische Neuerung bei, der Ottomotor. In ihm erzeugt ein Zündfunke die geregelte Explosion des Benzin-Luft-Gemischs im Zylinder. Er und ähnliche überspringenden Funken der Elektrik gaben so ein zeitgemäßes Sprachbild für die elektrisierende Liebesverbindung ab.

auf dem elektrischen Stuhl sein/sitzen, jemanden grillen

Bedeutung: in einer sehr unangenehmen Lage / einer extremen Prüfungssituation sein, jemandem mit Fragen hart zusetzen, jemanden in die Enge treiben, jemanden herausfordern oder auseinandernehmen

Hintergrund: Die Faszination des Grauens umgibt das Tötungsinstrument, das seit 1890 im staatlichen Auftrag Menschen umbringt. In Deutschland machte spätestens die »Gruppe 47« den elektrischen Stuhl auch sprichwörtlich. Bei ihren Sitzungen, die eigentlich Werkstattcharakter haben sollten, mit der Stiftung eines Preises aber in einem Wettlesen kulminierten, lasen Autoren auf einem Extrastuhl ihre Texte vor. Es folgte die Kritik durch Kollegen, später auch durch professionelle Kritiker. Das ungeschriebene Gesetz verlangte von den Autorinnen oder Autoren auf dem Stuhl, keinerlei Widerrede zu äußern. Diese unangenehme Lage und den Platz selbst nannte man früh den **»elektrischen Stuhl«,** und wie ihn übernahm man aus dem Amerikanischen die böse Beschreibung der Tötung als Metapher für intensives Kritisieren, nämlich **»jemanden grillen«.**

Das Verb kam außerdem länger schon in Kriminalromanen vor, wenn Polizisten oder Verbrecher jemandem mit Fragen hart zusetzten, man jemanden ins Kreuzverhör nahm etc.

In unseren Zeiten der Grill-Manie bekommt die sprichwörtliche Redensart immer neue Bedeutungen, vor allem wegen erfolgreicher Fernsehformate wie »Grill den Henssler« oder »Grill den Profi«. So kann »jemanden grillen« auch »jemanden herausfordern«, »übertrumpfen«, »in eine verzweifelte Lage bringen« heißen.

zwischen Menschen herrscht Funkstille, Klartext mit jemandem reden

Bedeutung: Menschen haben sich nichts mehr zu sagen, unverblümt / ganz offen mit jemandem sprechen

Hintergrund: Das schöne Wort »Funkentelegrafie«, das noch in Firmennamen wie Telefunken vorkommt, verkürzte man bald zu »Funk«. Diese drahtlose Telegrafie, wie man sie anfangs noch nannte, setzte neue Standards der Fernübermittlung von Informationen: Börsenkurse, Wetterdaten oder Notrufe konnte man in vorher nicht gekannter Schnelligkeit verbreiten. Und natürlich bediente sich auch das Militär der neuen Technik. Beide Redensarten kommen vor allem aus dieser Sphäre. Als **»Funkstille«** bezeichnete man das Unter- oder Abbrechen einer Funkverbindung. Gerade im Zweiten Weltkrieg gewann sie entscheidende Bedeutung. Hielt man die Funkstille nicht ein und funkte sogar nicht chiffrierte Funksprüche, erwies sich das als doppelt fatal, weil dadurch eine Ortung ermöglicht wurde, so 1941 im Fall des Schlachtschiffs »Bismarck«, das denn auch versenkt wurde.

Im militärischen Bereich ist das Chiffrieren von Funksprüchen sehr üblich; will man aber unbedeutende Inhalte übermitteln oder ist eine extrem rasche Verständigung vonnöten, fordert man die Übermittlung in **»Klartext«:** Nachrichten vor der Ver- oder nach der Entschlüsselung. Im deutschen Militär bildete sich spätestens im Zweiten Weltkrieg die Redensart **»Noch mal langsam im Klartext!«** heraus, wenn jemand zu rasch, zu viel, zu unverständlich sprach.

die gleiche Wellenlänge haben / auf der gleichen Wellenlänge liegen

Bedeutung: einander gut verstehen, ähnliche Einstellungen, Absichten haben, Gefühle oder Denkweisen teilen

Hintergrund: Ab und zu liest man auch, dass man »mit jemandem auf der gleichen Wellenlänge schwimmt«, aber bei dieser Redensart geht es nicht um Ozeane, sondern um die Übereinstimmung von Wellenlängen im radiotechnischen Sinn. Der Sender und der Empfänger müssen auf gleiche Wellenlänge eingestellt sein, um eine Verbindung zu ermöglichen. Ein überzeugendes technisches Sprachbild für ein gutes zwischenmenschliches Verständnis.

erneuerbare Energie

Bedeutung: umweltfreundliche oder regenerative Energie

Hintergrund: Sogar zur Bezeichnung eines Gesetzes hat es der Ausdruck gebracht, der sprichwörtlich für eine Form der Energieversorgung steht, die keine endlichen Ressourcen wie Kohle, Öl oder Gas verbraucht. Es geht um Wind-, Wasser-, Wellenkraft, Geothermie, Photovoltaik, Biogas und ähnliche Quellen. Die Bezeichnung erinnert stark an die zum geflügelten Wort gewordene Werbung für einen Schokoriegel, die behauptete: »Bringt verbrauchte Energie sofort zurück.« Physikalisch ist das natürlich Nonsens, aber die Redensarten kümmern sich so wenig wie Politik oder Lobbygruppen darum. Nun, wenn man ehrlich ist, entspricht unser Sprechen über Energieverbrauch, -sparen, -gewinnung usw. auch nicht dem Energieerhaltungssatz.

hoch aufgeladen sein

Bedeutung: mit vielerlei Bedeutungen und Implikationen versehen sein

Hintergrund: Ähnlich einem Akku, der mit Strom voll aufgeladen ist, sind auch viele Begriffe aufgeladen: mit Bedeutungen, Meinungen, Vorurteilen, Emotionen. In der Regel handelt es sich um Begriffe aus dem aktuellen politischen Diskurs. Man denke nur an Wörter wie »Klima«, »Rassismus«, »Einwanderung« oder »Identität«. Sicher spielt auch mit hinein, dass man bei ihrer Verwendung unvermutet **»eine gewischt bekommen«** kann, weil sich die intensive Aufladung plötzlich entlädt und man die Verachtung des Gegenübers, Lesers, Hörers oder Users zu spüren bekommt.

total verpixelt sein

Bedeutung: Jemand ist nicht im Bilde, verwirrt, dämlich.

Hintergrund: Aus Gründen des Datenschutzes macht man auf Fotos oder in Filmberichten seit mindestens zwei Jahrzehnten schon bestimmte Personen unkenntlich, indem man die Bilddaten derselben mit unterschiedlichen Programmen **»verpixelt«,** um es allgemein auszudrücken.

Das wurde rasch sprichwörtlich für dumme, verwirrte, desorientierte Menschen. Schließlich verknüpfte man schon lange vorher mangelnde

Klugheit oder Einsicht mit einer Unklarheit oder Verschwommenheit der Wahrnehmung. Dabei kümmerte man sich nicht darum, dass die verpixelten Menschen auf Bildern ja nur vom Betrachter so wahrgenommen werden und nicht selbst die Welt so wahrnehmen.

Grafikdesigner passen übrigens auch die alte Redensart »den Wald vor lauter Bäumen nicht sehen« an die heutige Zeit an und schreiben oder sagen zuweilen **»das Bild vor lauter Pixeln nicht sehen«.**

einen Virus/Trojaner auf dem Computer haben

Bedeutung: ein Schadprogramm auf dem Computer haben

Hintergrund: Dass schädliche Programme, die auf einen Computer geschleust werden, Computer-Virus, kurz **»Virus«,** genannt werden, ist durch die medizinische Analogie höchst einleuchtend, die Bezeichnung als **»Trojaner«** dagegen höchst seltsam.

Denken wir an Homer und weitere griechische Autoren der Antike, die den Kampf um Troja beschrieben. Für die Redensart ist Odysseus entscheidend, denn dieser ersann nach zehn Jahren vergeblicher Belagerung Trojas durch die Griechen eine Kriegslist: Ein mächtiges Holzpferd ließ er am Strand vor der Stadt Troja bauen, in dem er sich zusammen mit weiteren Kriegern versteckte. Die anderen Griechen taten, als gäben sie die Belagerung auf, und segelten scheinbar heim. Die Trojaner kamen, um das zurückgelassene, riesige Pferd zu betrachten. Ein Verwandter des Odysseus, der so tat, als hasste er die anderen Griechen, erzählte den Trojanern, das Pferd sei ein Weihegeschenk an die Götter. Wer dieses besondere Pferd in seinen Mauern beherberge, dessen Stadt werde niemals erobert. Die leichtgläubigen Trojaner zogen das

Holzpferd in ihre Stadt und feierten ihren Sieg. Nachts stiegen Odysseus und seine Krieger durch eine verborgene Klappe aus dem Pferd, öffneten den heimlich zurückgekehrten Griechen das Stadttor, und alle zusammen metzelten die Trojaner nieder.

Analog nannte man im Bereich des IT-Handwerks Schadprogramme *trojan horses,* weil sie vorgeben, nützliche Inhalte zu bieten, in sich aber verderbliche Programme bergen, die sich auswirken, sobald man sie auf den eigenen Computer geladen hat.

Niemand weiß, warum die Deutschen so faul oder ignorant waren, nur einen Teil des sprichwörtlichen Ausdrucks zu übernehmen. Mit wenig Nachdenken ist doch klar, dass die Trojaner die Opfer, nicht die Täter waren.

einen Neustart machen müssen, etwas rebooten, einen Reset durchführen

Bedeutung: etwas von Neuem angehen/beleben, das schon aktiv war

Hintergrund: Wir Autoren erhielten wie die Kulturschaffenden insgesamt allerlei Unterstützungen in der Corona-Krise, die sich dem Programm »Neustart Kultur« verdankten. Auch in vielen weiteren Bereichen wurden die Ausdrücke **»Neustart«** und **»rebooten«** aus der Computertechnik sprichwörtlich. Geht es hier darum (laienhaft gesprochen), einen Computer aus dem Betrieb heraus neu zu starten, so handelt es sich dort um einen Neuanfang eines bereits bestehenden, aber neue, grundsätzliche Impulse benötigenden Systems, Bereichs, einer Firma etc.

Während der Corona-Jahre machte zusätzlich der politisch hoch aufgeladene Begriff vom **»Great Reset«** die Runde. Als Bezeichnung für eine Initiative des Weltwirtschaftsforums, vorgestellt im Juli 2020, wurde das Wort unerhört schnell modisch. Während **»Reset«** im Bereich der Computertechnik das Zurückgehen auf einen vorher festgelegten Grundzustand bezeichnet, glaubten nun rund um den Globus Menschen, unter dem Titel »Great Reset« würden machtgeile Eliten eine Weltveränderung zu ihren eigenen Gunsten planen. So hilfreich der Reset-Knopf an vielen Geräten ist, so verderblich Verschwörungstheorien und tatsächliche Aktionen der Politik oder der Wirtschaft, die ihnen Futter geben.

DER VERMENSCHLICHTE COMPUTER UND VICE VERSA

Das unentbehrliche Ding hieß früher einmal Elektronengehirn, was damals schon zeigte, wie sehr man in dieser Erfindung mehr sah als bloß einen »Rechner«, was »Computer« wörtlich übersetzt heißt. Die meisten Menschen pflegen eine durchaus persönliche Beziehung zu ihm (manchmal auch ihr), Gespräche, einseitige zumeist, eingeschlossen. Vor allem bei unerwarteten Aktionen oder Reaktionen heißt es gern: »Wieso macht er das jetzt?« Oder: »Das kannst du mir nicht antun!«

Weil wir meist so wenig von der Technik verstehen, mit der wir umgehen, schreiben wir Computern und ähnlichen Geräten so etwas zu wie Persönlichkeit, Empfindlichkeit, ja Bosheit. Unerklärliches erklären wir uns mit Geschichten, die definitiv nichts mit der eigentlichen Funktion der Geräte und ihrer Systematik zu tun haben, so bestimmten Handhaltungen oder Reihenfolgen oder der Tageszeit. Der Psychologe Dietrich Dörner nannte das »sekundäre Mythologie«. Geradezu prophetisch stellte Isaac Asimov das Phänomen in seinem Klassiker »I, Robot« aus dem Jahr 1950 dar.

Während wir den Computer vermenschlichen, übernehmen wir umgekehrt Computerwörter für uns selbst, gerade im Bereich der sprichwörtlichen Redensarten. Wer durcheinander ist, spricht schon einmal davon, **»einen Systemabsturz zu haben«** oder dass **»seine Festplatte gecrasht«** sei. Auch die alte Redensart vom sozialen Absturz oder dem totalen Absturz nach einer durchzechten Nacht verbinden wir mit diesen Computerabstürzen oder -crashs. Wer einer Erläuterung nicht folgen kann, bittet vielleicht: **»Noch einmal langsam zum Abspeichern.«** Wer etwas für unwichtig oder erledigt hält, erklärt: **»Das kannst du löschen!«** Die Redewendung **»Ich hab das nicht auf dem Schirm«** hat allerdings nichts mit Computer-Bildschirmen oder Displays zu tun. Sie kommt vielmehr vom Radarschirm her.

SPRICHWÖRTLICHES AUS DER IT

Unglaublich beliebt wurde im Alltag die Bezeichnung und Zählung von Programmversionen, egal ob es sich um Speziallösungen für einzelne Unternehmen oder um Allerweltsprogramme für den Einsatz im betrieblichen Alltag handelt. So spricht man verächtlich von **»Das ist bloß eine Beta-Version von …«.** Der Ausdruck gehört zu den Bezeichnungen von verschiedenen Stadien bei der Entwicklung von Software. Sie sind zwar nicht standardisiert, aber oft sind Vorversionen, die intern verbessert werden können, Pre-Alpha- oder Alpha-Versionen. Die Beta-Version ist schon stabil, funktioniert ordentlich, aber die Hersteller wissen um die Möglichkeit verborgener Fehler und Schwächen. Um diese aufzudecken, setzt man auf die Benutzerinnen und Benutzer, denen die Beta-Version zu Testzwecken überlassen wird. Sprichwörtlich kann der Ausdruck deshalb bedeuten »fehlerhafte Version« oder »noch nicht ausgereifte Version«. Längst fühlen sich Auto- oder Waschmaschinenkäufer, ja sogar Medikamentennutzer wie unfreiwillige Beta-Tester, wenn wieder einmal eine Rückrufaktion bekannt wird.

Die Art der Bezeichnung von gewissermaßen ernstgemeinten, verlässlichen Versionen ist noch wesentlich erfolgreicher. Beginnend bei 1.0 und potenziell nie endend, verspricht sie Fortschritt und Aktualität. Kaum jemand fragt sich dabei allerdings, was die Industrie 2.0 war, wenn wir jetzt bei 4.0 sind, und warum wir keine Industrie 3.1.1 hatten, was bei Softwarebezeichnungen durchaus vorkommt.

Ebenfalls leicht abschätzig oder zumindest ernüchternd ist die sprichwörtliche Formulierung, dass etwas **»(plain) Vanilla«** sei. Schon im Zweiten Weltkrieg findet man Nachweise dieser Redensart, die schlicht darauf zurückgeht, dass Vanille die Standard-Speiseeis-Sorte war. Besonders im Bereich der Software verbreitete sich die Formulierung als Bezeichnung von Grundversionen ohne Extras. Jahrzehntelang blieb die Redensart auf diesen Bereich beschränkt, doch seit etwa zwanzig Jahren taucht sie auch im Jargon der Broker auf, im Handel und im Sex-Business, in dem »plain Vanilla« den landestypischen Standardgeschlechtsverkehr ohne Extras bezeichnet.

aussehen wie gephotoshopt

Bedeutung: Etwas sieht unglaubwürdig perfekt/verändert aus.

Hintergrund: Der etwa gleichzeitige Siegeszug der sozialen Netzwerke und des Programms namens »Photoshop« ließ rasch eine neue Redensart entstehen. Mit seiner Hilfe wird der Himmel je nach Wunsch blauer oder bewölkt, bei Selfies sieht die Haut plötzlich beneidenswert rein und rosig aus, Haare und Wimpern sind üppig, die Augen groß und ohne Ringe, ganze Körperteile lassen sich vergrößern oder verschlanken – den Eingriffsmöglichkeiten sind kaum Grenzen gesetzt.

In Frankreich fordert längst ein Gesetz, bearbeitete Bilder als solche zu kennzeichnen. Doch das gilt natürlich nicht für den privaten Bereich, und da konkurriert man um das größte Gut unserer Zeit, wie es Medienexperten einmal nannten: die Aufmerksamkeit.

Die Kritik, die der Redensart innewohnt, ist eindeutig, der unaufhaltsame Erfolg des Photoshoppens ebenfalls. Und so kennt man auch **»Photoshop makes perfect«** als Variante des alten Sprichworts **»Practice makes perfect«.** Gleichwohl gibt es unter Gamern und Gamedesignern das schöne Sprichwort, das in Sachen High-End-Grafik der Natur den Sieg zuspricht: **»Das Leben ist ein beschissenes Adventure, aber die Grafik ist geil.«**

Unsere Mobilität auf dem Prüfstand

Kfz-Handwerk

Den Berichten vieler deutscher Eltern zufolge ist häufig noch vor »Mama« und »Papa« das erste Zeichen verständlicher Sprache beim Nachwuchs das Wort »Auto«, was Bände spricht.

Der hohe Stellenwert des Pkw im Leben der meisten veränderte sich in den letzten Jahrzehnten kaum, und dementsprechend findet man zahllose sprichwörtliche Redensarten, die mit dem Kraftfahrzeug selbst oder Arbeiten rund um die Erhaltung desselben zu tun haben.

Dabei kann man teils auch die Entwicklung der Fahrzeugtechnik mitverfolgen. War um 1900 eine übliche Zornesredensart **»Du bringst mich auf 80!«,** so stieg die mit der Zahl gemeinte hohe Geschwindigkeit im Lauf der Jahrzehnte zuerst auf 100 und später über 120 bis auf 180 Kilometer pro Stunde an. Dieser Wert verändert sich nun erstaunlicherweise nicht mehr, obwohl zahlreiche Autos längst Tempo 200 und mehr erreichen. Warum das so ist? Niemand weiß es.

Andere Redensarten verbindet man mit dem Auto, obwohl sie auf die wesentlich älteren Kutschen oder andere Wagen zurückgehen. Dazu gehört die gute alte **»Familienkutsche«,** dann auch **»jemanden herumkutschieren«** oder Ausdrücke wie **»das fünfte Rad am Wagen sein«, »Wer gut schmiert, fährt gut«, »neben der Spur sein«, »eine alte Chaise sein«** oder **»jemandem an den Karren fahren«.** Dieselbe Wurzel hat auch die Redensart **»jemanden (wütend) anfahren«.**

Eine neue Weisheit weiß: **»Der letzte Wagen ist immer ein Kombi.«** T-Shirts oder Pullover, die einen Leichenwagen zeigen, verbreiten sie und stellen eine heitere Gelassenheit dem Sterben gegenüber zur Schau.

Heutzutage, da der Kfz-Mechaniker auch ein Mechatroniker sein muss, der ein Interface an den Motor anschließt, damit der sich selbst analysiert, erscheinen manche altehrwürdigen Sprüche aus der Zeit gefallen. Vielleicht bilden sich in den nächsten zehn Jahren ja ganz neue E-Fahrzeug-Redensarten heraus. Doch selbst dann werden ein gutes Gehör, ein Gespür für Motor, Querlenker, Bremsen, Ventile, Kardanwellen genauso wichtig sein wie das Wissen um beispielsweise den Drosselklappenpotentiometer und vor allem das Know-how, was zu tun ist, wenn die Elektronik wieder einmal anzeigt: »Unbekannter Fehler«.

den Chauffeur für jemanden spielen

Bedeutung: jemanden dorthin fahren, wohin er es wünscht

Hintergrund: Was soll diese Redensart mit dem Kfz-Handwerk – selbst im weiteren Sinn – zu tun haben? Nun, der altehrwürdige französischstämmige Ausdruck belegt, dass die Fahrer wohlhabender oder politischer Persönlichkeiten früher auch etwas von Motoren verstehen mussten und wie man sie in Gang kriegte.

Ursprünglich bezeichnete *chauffeur* bloß »Heizer«; die Bestücker von Schlossöfen hießen beispielsweise so. Mit dem Aufkommen der Eisenbahn gab es dann zur Differenzierung den *chauffeur de locomotive*, der für ordentlich **»Dampf im Kessel«** sorgte. Diese Redensart wie die vom Herumchauffieren übertrug man auf die früher sehr erfolgreichen, inzwischen fast unbekannten Dampfautomobile.

Dank ausgereifter Technik fuhren sie anfangs deutlich verlässlicher als Benzin- oder Dieselwagen. Nur musste man ihnen vor der Fahrt gehörig einheizen, und das machte – klar – der Chauffeur. Die Entwicklung des elektrischen Startmotors für Benzin- und Dieselfahrzeuge läutete vorläufig das Ende der Dampfautomobile und Elektrowagen ein. Nur der Chauffeur blieb, den Verliebte sehr gern füreinander spielen.

auf die Bremse treten, in die Eisen steigen

Bedeutung: etwas, vor allem Tätigkeiten, verlangsamen

Hintergrund: Natürlich hatten Wagen oder Kutschen schon immer Bremsvorrichtungen. Selbst Pferde besaßen solche, und daher kommt auch das Wort. Eine *premese* war im Mittelniederdeutschen ein Maulholz oder eine Zügelvorrichtung, um Pferde in Zaum zu halten. Zogen die Pferde einen Wagen, verringerte man damit indirekt auch dessen Geschwindigkeit. Schließlich nannte man die Vorrichtung am Fahrzeug selbst auch so. In der Form »Bremse« setzte sich der Begriff vor etwa fünfhundert Jahren durch.

Die sprichwörtliche Verwendung **»auf die Bremse treten«** kam dann erst mit dem Automobil auf, wo man ein Pedal zu betätigen hatte, das die Bremsbacken an die Bremstrommel drückte. Da sowohl das Pedal als auch die Bremsvorrichtung an den Rädern aus Eisen war, ergab sich der ironische Ausdruck **»in die Eisen steigen«.**

Und wenn in nicht mechanischen Redensarten eine Bremse vorkommt? Dann ist in der Regel das stechende Insekt gemeint, dessen Name auf ältere Wörter für das Brummen zurückgeht.

die Wirtschaft ankurbeln

Bedeutung: die Wirtschaftstätigkeit beleben

Hintergrund: Für eine Übergangsphase fanden sich bis nach dem Zweiten Weltkrieg an Kraftfahrzeugen vorne Löcher in den Stoßstangen oder in der Karosserie. Aus Stummfilmen ist manchem von uns noch bekannt, dass dort hinein eine Stange passte, die in einer Kurbel endete. Mit ihrer Hilfe und entsprechender Muskelkraft konnte der Motor angelassen werden, vorzugsweise durch einen erfahrenen Mechaniker mit Gefühl. Schließlich hatte man vielerlei zu beachten: Die Zündung musste eingeschaltet sein, der Andrehwiderstand durfte nicht zu groß sein, Dieselmotoren mussten erst auf Betriebstemperatur gebracht werden, das Rückschlagen der Kurbel drohte und ... und ... und. Entsprechend häufig erlitten Ankurbelnde an ihren motorisierten Wagen Verletzungen, oder sie schadeten dem Motor.

Wenn er dann freilich lief, konnte man starten und in Fahrt kommen – welch ein schönes Bild für eine Wirtschaft, die wächst und gedeiht.

auf den Prüfstand kommen / gestellt werden etc.

Bedeutung: kritisch überprüft und gegebenenfalls infrage gestellt werden

Hintergrund: Besonders berühmt und berüchtigt wurde der Rollenprüfstand im Zusammenhang mit einer Affäre, die als »Dieselgate« eine Prozesslawine auslöste und die betrügerischen Autobauer Milliarden kostete. Sie hatten Fahrzeuge gebaut, deren Motorsoftware erkannte, wenn sie lediglich auf dem Rollenprüfstand liefen, woraufhin sie falsche Angaben lieferten.

Prüfstände gibt es in zahlreichen weiteren Formen, aber die in den Kfz-Werkstätten sorgten vor allem für die Verbreitung der Redensart, die eine besonders exakte und objektive Untersuchung bezeichnet. Von heutiger Betrugsseligkeit wusste man vor etwa hundert Jahren, als sie sich zu verbreiten begann, noch nichts. Hier benutzte man den

Rollenprüfstand übrigens schon seit langer Zeit, um die Bremsen und ihre Wirksamkeit zu testen.

einen Boxenstopp einlegen müssen

Bedeutung: eine Überprüfung vornehmen müssen, einer Reparatur oder Überprüfung bedürftig sein, eine Pause einlegen müssen

Hintergrund: Im Rennsport nennt man den Ort, an dem die Wagen gewartet werden, neue Reifen oder Kraftstoff bekommen, »Box«. Ursprünglich bezeichnete der Ausdruck die überdachten Hallen an der Rennstrecke; heute kennt man zusätzlich die »Boxengasse«, eine Aneinanderreihung der entsprechenden Bereiche für die Mechaniker, Helfer usw.

In dem außerordentlich fein differenzierten Reglement des Motorsports, vor allem der Formel 1, ist festgelegt, wann ein Stopp während eines Rennens in der Box eingelegt werden und was genau dort erfolgen darf.

Die dramatischen Bilder, wenn in Sekundenschnelle alle nötigen Arbeiten durchgeführt werden, ließen den **»Boxenstopp«** ebenso populär werden wie die taktische und strategische Bedeutung desselben. Wann tankt man, wann wechselt man auf welche Reifen, wann tauscht man bei lang dauernden Rennen die Fahrer aus? Die richtige Antwort auf solche Fragen entscheidet nicht selten über Sieg oder Niederlage.

Um von der Aura des Rennsports zu profitieren, verwenden längst Fahrer wie Mechaniker den Ausdruck im Alltag und sprichwörtlich – nicht zuletzt, um zu betonen, dass die Reparatur nicht lange dauern werde. Aktuell hört oder liest man die Redensart auch schon vereinzelt für andere Überprüfungen, die mit dem Kfz-Bereich oder dem Rennsport nichts zu tun haben.

ordentlich Grip haben; die Bodenhaftung verlieren

Bedeutung: einen guten und sicheren Schwung haben, sodass einen nichts aus der Bahn wirft; unvernünftig werden und unrealistisch

Hintergrund: Nicht umsonst heißen Motor-Magazine »GRIP«, ist dieser Fachbegriff doch über die Rennsportszene hinaus längst Alltagsformel geworden. Der Terminus beschreibt – laienhaft gesagt – die Verbindung zwischen Reifen und Fahrbahn; **»guter«** oder **»ordentlicher Grip«** ist eine sehr gute Haftung, die es erlaubt, schneller zu fahren, weil beim Bremsen oder der Kurvenfahrt die Gefahr gering ist, **»die Bodenhaftung zu verlieren«,** was ja ebenfalls sprichwörtlich ist. Verstand man früher darunter, dass jemand nicht mehr **»geerdet«,** *down to earth* ist, denken heute die meisten an die Ruhe- oder Haftreibung von Reifen und Fahrbahn.

Dass man auch »Griffigkeit« sagen könnte, versteht sich, und es gibt ja auch den Grip von Tennisschlägern oder Degengriffen, gleichwohl hat sich sprichwörtlich die Kfz-Verbindung in den Köpfen festgesetzt. Gute Mechaniker wählen die Reifen mit dem idealen Grip aus – in den Boxengassen, aber auch in den Werkstätten für Otto Normalverbraucher.

PS: Der **»Otto Normalverbraucher«** hat nichts mit dem Normalbenzin für Ottomotoren zu tun, sondern kommt vom Film »Berliner Ballade« mit Gert Fröbe aus dem Jahr 1948, in dem der Held so genannt wird, weil er Otto heißt und seine Lebensmittelkarte ihn als »Normalverbraucher« ausweist.

Luft aus den Reifen lassen / ein bisschen Luft rauslassen

Bedeutung: etwas zurückstecken, nachgeben, sich bescheiden

Hintergrund: Es gibt zahlreiche Gründe, warum Mechaniker Luft aus den Reifen lassen. Der einfachste ist natürlich, dass der Normdruck erheblich überschritten ist. Das ist so schlecht für die Haltbarkeit wie für den Grip der Reifen. Manchmal muss man auch aus Überprüfungszwecken die Luft aus ihnen entweichen lassen.

Und dann gibt es die herrliche, immer wieder leicht veränderte Anekdote, die durchaus auf Tatsachen beruht: Ein Lkw ist dummerweise in einen für ihn zu niedrigen Tunnel eingefahren und bleibt kurz nach dessen Beginn so fest stecken, dass man ihn nicht befreien kann. Ein gewaltiger Stau bildet sich hinter dem Hindernis. Polizei und Lkw-Fahrer sowie viele selbsternannte Experten fachsimpeln erfolglos. Schließlich sagt ein Kind: »Man könnte die Luft aus den Reifen lassen.« Ein Abschleppfachmann – meist sind das Kfz-Handwerker – wäre natürlich längst auf die prima Idee gekommen. Die einleuchtende Anekdote führte rasch dazu, dass **»die Luft rauslassen«** u. Ä. sprichwörtlich wurde, gerade auch in Wirtschaftskreisen. Ihre Aufnahme in erfolgreichen US-Filmen wie »Working Girl« unterstützte die Popularität noch.

etwas ausbeulen können

Bedeutung: etwas noch richten, reparieren, retten können

Hintergrund: Wenn ein Unfall nur zum – ebenfalls sprichwörtlichen – **»Blechschaden«** geführt hat und das beschädigte Fahrzeug von der Fachwerkstatt nicht als fahrendes Ersatzteillager oder gar als **»Rostlaube«** und damit reif für die Schrottpresse eingeschätzt wurde, dann kann man durch Ausbeulen und Neulackieren alles wieder heil machen. Im Alltag hat sich dementsprechend als Alternative für »etwas geradebiegen« auch die Redensart **»etwas ausbeulen«** eingebürgert.

ein Spätzünder sein / eine Fehlzündung haben, einen Aussetzer haben

Bedeutung: begriffsstutzig sein / den gedanklichen Zusammenhang von etwas spät verstehen, geistig kurz weggetreten / unaufmerksam sein

Hintergrund: Es sind Leute, die Witze fünf Sekunden nach den anderen verstehen, als Letzte einer Klasse die Liebe erleben, erst Jahre nach dem Abschluss den richtigen Job finden und in Gesprächen dreimal nachfragen müssen, um zu kapieren, worum es geht. **»Das ist ein Spätzünder«,** hörte man schon einige Jahre vor dem Ersten Weltkrieg. Da entwickelte sich der Spruch in Soldatenkreisen, die erst Sprengladungen mit Verzögerungszündung so nannten, bald aber auch Begriffsstutzige und Späthandelnde.

Doch erst die vielbewunderte Technik der Benzinmotoren sorgte dafür, dass die Redewendung sich außerhalb dieser Kreise etablierte. Ältere kennen noch den Knall einer Fehlzündung und das lästige Klopfen. Bei Letzterem geht es um die falsche Oktanzahl beim Benzin und die Verdichtung im Motor. Bei Ersterem ist der falsche Zündzeitpunkt gemeint, genau wie bei der Spätzündung. Er bewirkt eine geringere Leistung, schädigt das Abgassystem und lässt Zündkerzen früher altern. Die Analogie vom zu späten Funken der Zündkerze und dem lahmen Funken der Erkenntnis – das leuchtete dem Volksmund blitzartig ein, und so übernahm er diese Redewendung in seinen Wortschatz. Ohne Zündung gibt es **»Aussetzer«,** und dass auch Gedanken aussetzen können, weiß jeder.

DER MOTOR UND DIE KONJUNKTUR

»Es läuft!« Das hört jeder gern. Traditionellerweise verbindet man den ungehinderten Lauf, das gute Vorwärtskommen mit – nomen est omen – Fortschritt. Seit die Ökonomie unsere Gesellschaft auch sprachlich fest im Griff hat, bezieht man das Laufen aber nicht mehr auf Schritte, sondern auf Zylinder, Kurbelwellen und Getriebe, besonders bei der so oft beschworenen Konjunktur. Über die Konjunktur dieses einen Wortes ließe sich leicht ein Essay schreiben, aber hier geht es nur darum, dass man sie unentwegt mit Motorenvergleichen beschreibt. Das geschieht manchmal ganz explizit, wenn es heißt **»Der Konjunkturmotor läuft«,** meist aber heißt es bloß **»Die Konjunktur läuft nicht rund«.** Ein Mehrzylindermotor mit Aussetzern eines Zylinders läuft beispielsweise nicht rund. Übrigens beziehen wohl gar nicht so wenige den sprichwörtlichen geistigen **»Aussetzer«** auf diese Motorendiagnose, dabei ist schlicht gemeint, dass das Denken aussetzt.

Man kann im gleichen Sprachbild den **»Leerlauf«** der Konjunktur beklagen. Das ist mäßig logisch, denn ein Motor im Leerlauf kann ganz munter schnurren, es fehlt halt der Kraftschluss mit dem Antrieb.

Ganz besorgte Gesichter bekommen Wirtschaftsweise wie Kfz-Monteure, wenn der Motor oder die Konjunktur **»zu stottern beginnt«.** Die Ursachen sind in der Werkstatt des Profis sicher rascher gefunden als im Fall der Ökonomie. Die fürchtet sich am meisten davor, dass **»der (Konjunktur-)Motor abgewürgt«** wird. Die Redensart vergleicht offenbar den festen Griff beim tödlichen Abdrücken der Luft mit dem zu festen Griff auf die Kurbelwelle, wenn beispielsweise ein falscher Gang eingelegt wird. Dann **»stirbt der Motor ab«,** wie man sagt. Auch das passt zum Abwürgen.

Am liebsten ist es allen, wenn die Wirtschaft **»läuft wie geschmiert«,** dann bewegen sich alle Teile frei und leicht und mit geringstmöglichem Widerstand. Solange der Schmierfilm hält, ist alles gut. Wehe aber, wenn er fehlt und die Wirtschaft **»heißläuft«!** Dann bekommt die Konjunktur **»einen Kolbenfresser«.** Für einen Motor bedeutet das in der Regel sein Ende. Eine Wirtschaft ist da meist robuster. Sie ist eben kein Motor – selbst wenn sie manchmal brummt.

einen Kaltstart/Kavalierstart hinlegen, sich warmlaufen müssen

Bedeutung: etwas plötzlich und ohne Vorbereitung anfangen / mit quietschenden Reifen losrasen, vor dem Sport Muskeln und Sehnen geschmeidig machen durch langsames Laufen

Hintergrund: Noch heute mögen es Motoren ganz und gar nicht, wenn sie gleich unter Last laufen müssen. Daher ließ man sie erst eine Zeit lang im Leerlauf oder im vorsichtigen Fahren warm werden. Dann hatte das Öl die richtige Temperatur, und alles lief **»wie geschmiert«.** Das übertrug man dann auch auf den Bewegungsapparat beim Sport.

Der Kaltstart war nach Erfindung der »Benzinkutschen« viele Jahrzehnte lang die Ausnahme, weshalb er sprichwörtlich werden konnte für alle möglichen plötzlichen Starts. Ein entschuldigender Beiklang schwingt dabei mit. Wahrscheinlich wissen viele, dass der Kaltstart noch heute für Motoren nicht gut ist und ein menschlicher Kaltstart zu Fehlern und Misslichkeiten führt.

Besonders eindrucksvoll für Außenstehende war es, verknüpfte man den Kalt- mit einem Kavalierstart. Der Begriff »Kavalier« geht auf ein Wort in den romanischen Sprachen zurück, das zuerst für »Ackergaul«, später für »Pferdeknecht« stand, dann für »Reiter« und schließlich für »Ritter«. Solch einem schrieb man vor etwa vierhundert Jahren gute Umgangsformen zu. Besonders Gedichte lobten den Kavalier als einen aufmerksamen Liebhaber und vielbewunderten Mann, der wusste, was sich gehörte.

So entstand die Redewendung vom **»Kavaliersdelikt«,** das man als akzeptablen, nicht ehrverletzenden Verstoß gegen Sitte und Gesetz verstand, ja als Verstoß, der einem Kavalier wegen seiner hervorragenden Stellung erlaubt war.

Hiermit kommt das Augenzwinkern bei der Redewendung vom **»Kavalierstart«** ins Spiel, dem Losschießen mit quietschenden Reifen – **»Gummi geben«** sagt man ja auch – und heulendem Motor von **»null auf hundert«**. Ein wenig gleicht das Ganze dem Kavalier hoch zu Ross, der seinem Pferd die Sporen gibt. Im Bereich der Motorentests gibt es den Kavalierstart übrigens in gewisser Weise auch – als Knallstart. Aber das ist eine andere Geschichte.

schon mal vorglühen, sich eindieseln, der Motor nagelt

Bedeutung: Alkohol vor einer Feier oder einem Kneipenbesuch trinken, zu viel oder überhaupt Parfum benutzen, typisches Geräusch eines Dieselmotors älterer Bauart

Hintergrund: Seltsam, dass sich nicht analog zu den vorher behandelten Otto-Motor-Redensarten die Diesel-Motor-Redensart **»ein Selbstzünder sein«** entwickelte, obwohl der Diesel so erfolgreich und deutlich effizienter ist.

Dafür erhielt sich eine seiner Eigenarten im Sprichwörtlichen. Früher musste man – in Einzelfällen noch heute – Dieselmotoren vor dem Start Wärme zuführen mithilfe einer Glühwendel, die als Symbol auch auf den entsprechenden Schaltern abgebildet war. Junge Leute übertrugen das auf das Trinken von Alkohol zuhause, auf der Straße oder im Park, ehe sie in eine Disco oder einen Club gingen, wo das Trinken viel teurer war. Dabei brachte man sich schon mal in Stimmung, gleichsam auf Betriebstemperatur – wie das Vorglühen den Dieselmotor.

Dieselkraftstoff riecht nach Heizöl, in gewisser Weise sogar ein wenig besser als Ottokraftstoff, aber das ist Geschmackssache. Billigem, schwerem Parfum, wie es angeblich vor allem Prostituierte verwendeten, gab man deshalb den verächtlichen Beinamen **»Nuttendiesel«,** woraus sich die spaßhafte Redensart **»sich eindieseln«** für »Parfum auflegen« entwickelte.

Und wer bei Oldtimertreffen alte Traktormotoren hört, der erkennt sofort das eigentümlich an Nageln erinnernde Geräusch, das vor einigen Jahrzehnten auch bei Selbstzünder-Pkws noch zu vernehmen war.

auf die Tube drücken, einen Bleifuß haben

Bedeutung: schnell fahren

Hintergrund: Die Geschwindigkeit faszinierte beim Autofahren schon früh, und so verwundert es nicht, dass dazu sehr bald Redewendungen in der Umgangssprache entstanden. Besonders beliebt waren **»Gas geben«, »einen Bleifuß haben«** und **»auf die Tube drücken«.** Man entwickelte den letzteren Ausdruck in Kraftfahrerkreisen ab etwa 1920 aus dem viel älteren **»auf die Tränendrüse drücken«.** Eigentlich drückte man natürlich mit dem Fuß aufs Gaspedal, das wiederum – einfach gesagt – über die Drosselklappe und die Vergaserdüse den Zustrom des Benzin-Luft-Gemischs und damit die Geschwindigkeit regelte. Durchs Drücken des Pedals erhöhte sich das Tempo. Die Vergaserdüse allein war es, die man scherzhaft unter Automobilisten als »Tube« bezeichnete. Das technisch falsche, aber sprachlich lustige Bild dahinter tat so, als könne man aus ihr Benzin herausdrücken. Die Redewendung war so beliebt, dass man heute sagt **»aufs Tempo drücken«,** obwohl das gar nichts Mechanisches mehr hat. Und wer unentwegt auf Vollgasstellung bleibt, scheint einen bleischweren Fuß zu haben.

auf Touren kommen, auf vollen Touren sein

Bedeutung: in Schwung kommen / sexuell erregt werden, sehr aktiv / sexuell erregt sein

Hintergrund: Unter Fliegern kamen die Redensarten um 1900 auf. Hier war eine genügend hohe Umdrehungszahl des Motors und damit des Propellers unabdingbar, um erfolgreich starten zu können. Gerade im Bereich der Flugstreitkräfte setzte sich dann rasch neben der allgemeinen Bedeutung auch eine sexuelle Nebenbedeutung durch. Das lag nahe, da man davon sprach, mit genügend Touren »die Kiste hochzubekommen«, und der Mann, der beim Sex **»auf Touren kam«,** bekam in der Regel auch etwas hoch.

Mit dem zunehmenden Automobilverkehr vergaß man die Fliegerherkunft und dachte nur noch an die Umdrehungen der Automotoren, die bei mehr Touren auch mehr Leistung brachten. Das inspirierte Witzbolde dazu, auch bei starken Alkoholika von **»vielen Umdrehungen«** zu sprechen, weil das einerseits Leistungsstärke beschreibt, andererseits auf die Folgen anspielt: heftiges Torkeln.

einen Gang zurückschalten/hochschalten

Bedeutung: das Tempo oder die Intensität einer Tätigkeit drosseln/steigern

Hintergrund: Das Schaltgetriebe von Autos faszinierte schon früh. Bei nicht synchronisierten war es fast eine Kunst, richtig zu schalten. Und das falsche Schalten produzierte quälende Geräusche, die mit der Bemerkung **»schöne Grüße vom Getriebe«** quittiert wurden.

Stimmen Gang und Anforderung an den Motor nicht mehr überein, beispielsweise an einer Steigung, muss man den Gang anpassen und zurückschalten; umgekehrt sollte man nicht zu hochtourig fahren, sondern früh genug einen Gang hochschalten.

Da es traditionellerweise schon die Redensart vom **»Zurückstecken«** gab, konnte sich diejenige von den Gängen leicht durchsetzen.

Schauen/Gucken wie ein Auto

Bedeutung: überrascht, perplex sein

Hintergrund: Nicht umsonst spielen Autos in Trickfilmen oft eine quasi menschliche Rolle, man denke an »Cars« oder »Bob der Baumeister«. Das liegt einerseits in ihrer Popularität begründet, andererseits darin, dass sie gleichsam von Natur aus menschliche Züge haben. Die großen Scheinwerfer vorne links und rechts ähneln Augen, die ovalen, breiten, geschwungenen Kühlerfronten einem grinsenden Mund. Das machte es für Zeichner leicht, ihnen Menschlichkeit und Individualität zu verleihen. Weil die Scheinwerfer bei den meisten Autos immer zu sehen waren, wirkten sie wie weit aufgerissene Augen. Und die bekommt man, wenn man sehr erstaunt ist. Fertig ist die Formel: **»Du schaust/guckst ja wie ein Auto!«**

Den sportlichen Fahrzeugen mit versenkbaren Scheinwerfern attestierte man, »Schlafaugen« zu haben – wie die beliebten Schlafpuppen. Ist ein Scheinwerfer defekt, spricht man von einem **»Einäugigen«.**

Das alles gilt hauptsächlich für alte Fahrzeuge aus dem letzten Jahrhundert. Heutige Designer verpassen vor allem den großen, schweren Autos eher einen finsteren, gefährlichen, drohenden »Gesichtsausdruck«. Eine Entwicklung, die wohl viel über uns aussagt.

Klein und fein!

Handwerke mit wenigen Redensarten in der Alltagssprache

Die Liste der Handwerkssparten ist viel länger, als man denkt, und hat sich in den letzten zweihundert Jahren zudem immer rascher verändert. Nicht wenige Berufe sind geänderten Geschmacksvorlieben, Moden oder dem technischen Fortschritt zum Opfer gefallen. So gibt es etwa den Ausbildungsberuf des Posamentenmachers praktisch nicht mehr, weil die Meister verschwunden sind, die unterrichten könnten, wie man Troddeln und Tressen, Borten, Krepinen, Litzen, Achselquasten, Hutschlingen, Schärpen, Tschakos und Portepees herstellt. Was für Uniformen, schwere Polstermöbel oder Kircheneinrichtungen früher massenhaft gebraucht wurde, ist zum Nischenprodukt geworden.

Elfenbeinschnitzer finden sich in der Handwerksordnung bloß noch in Klammern unter »Drechsler«; Formschneider, die früher Druckstöcke und -walzen aus Holz herstellten, arbeiten heute nur noch vereinzelt und außerhalb der Handwerksordnung. Dafür sind hier inzwischen Gamedesigner zu finden, und beste Berufsaussichten haben Spezialisten wie Nutzfahrzeug-Mechatroniker.

Ob verschwunden, veraltet oder modern und zukunftsweisend – manches feine Handwerk hinterlässt nur vergleichsweise wenige Spuren in den Redensarten der Alltagssprache. Die Posamentierer dürften sich zudem kaum darüber freuen, dass ihre Kunst der Herstellung von Quasten in Österreich in der Redensart **»a Schas mit Quasteln«** fortlebt, was einen besonders uninteressanten Blödsinn oder Aufgeblasenes bezeichnet.

Mit der Bedeutung der jeweiligen Sparte steht übrigens die Menge der geläufigen sprichwörtlichen Redensarten nur bedingt in Korrelation. So ist der Handwerksbereich Sanitär-, Klima- und Haustechnik außerordentlich wichtig, doch sprichwörtliche Redensarten, die eng mit ihm verbunden sind, gibt es kaum. Andere Ausdrücke lassen sich zwar einem Handwerk zuordnen, stehen allerdings nicht zwingend mit ihm in Verbindung. Ein exzellentes Beispiel dafür sind die zahlreichen Haar-Redensarten, die nur zum kleinen Teil mit dem Friseurhandwerk zu tun haben.

So präsentiert dieses Kapitel vornehmlich einige Ausdrücke, die recht eng mit dem jeweiligen Handwerk verknüpft sind und zudem einen spannenden Hintergrund haben.

SANITÄR-, KLIMA-, HAUSTECHNIK

Muffensausen haben, jemandem geht die Muffe/Düse

Bedeutung: Angst haben

Hintergrund: Die Gedärme des Menschen vergleicht man in diesen Wendungen sehr schlüssig mit einem Rohrsystem, wie es Installateure einbauen oder reparieren. In ihrem Fachwortschatz bezeichnet »Muffe« nicht nur Verbindungs-, sondern auch Endstücke von Rohren. Schließt die Muffe nicht richtig, entweicht Flüssigkeit oder/und Luft oft unter Druck, was entsprechende Geräusche verursacht. Das übertrug man bildhaft auf den Körper. Hier gibt es mit den Gedärmen ebenfalls ein Leitungssystem. Bei großer Angst versagt die Kraft des hinteren Schließmuskels, und durch diese undichte Muffe entweichen dann feste, flüssige und gasförmige Stoffe aus dem Enddarm geräuschvoll als sprichwörtliches **»Muffensausen«.** Dazu passte auch das Bild der Düse, durch die etwas mit Druck hindurchgeht.

für ein angenehmes Betriebsklima sorgen

Bedeutung: ideale Arbeitsbedingungen schaffen und Identifikation mit dem Betrieb ermöglichen

Hintergrund: Man sieht förmlich, wie eine gute Betriebsleitung sich um bestmögliche Temperierung im Fachlichen und Menschlichen kümmert, um Helligkeit und gute Lüftung in allen Bereichen, freundliche Stimmung und Hilfsbereitschaft, sodass Mitarbeiterinnen und Mitarbeiter mit Freude ans Werk gehen und ihre Firma als zweites Zuhause ansehen.

Das ähnelt den inzwischen technisch hoch anspruchsvollen Aufgaben, die moderne Haustechniker bei der Ausstattung eines Smarthomes zu bewältigen haben, nur dass es hier über die baulichen Aufgaben und eine ergonomische Gestaltung des Arbeitsplatzes hinaus um Verbesserung von Atmosphäre und Einstellung geht; dumm nur, wenn manche Vorgesetzte Untergebenen zu sehr **»einheizen«** oder wenn plötzlich durch die Firma **»ein eisiger Wind weht«.**

GAS, WASSER, SCHEIẞE

Als wären sie noch schlichte Klempner oder Installateure und hätten hauptsächlich mit verstopften Toiletten und deren Abflussröhren zu tun, behelligt man Sanitärhandwerker mit den immer gleichen Sprüchen oder – schlimmer – verwendet sie hinter deren Rücken. Geduldig oder künstlich amüsiert reagieren sie oft, wenn es wieder mal heißt, sie machten **»aus Scheiße Geld«.** Diese Redensart geht wie viele andere gar nicht auf ihr Handwerk zurück, vielmehr spielt sie lediglich mit dem Gegensatz zwischen dem Verächtlichen und Wertlosen und dem Wertvollen an sich. Im Englischen gibt es *to make chicken salad out of chicken shit,* wenn jemand etwas Unerhörtes vollbringt. Und im Töpferhandwerk kannte man einen ähnlichen, heiter-positiven Spruch: »Was frag' ich nach der Welt? / Aus Dreck mach ich mein Geld! / Die Schüssel ist aus Dreck gemacht – / wenn sie zerbricht, der Häfner lacht.«

Naheliegend ist die Konfrontation der Handwerker mit Toilettenredensarten wie der seit etwa fünfzig Jahren beliebten vom **»Griff ins Klo«** oder der deutlich älteren **»in die Röhre schauen«.** Beide beschreiben enttäuschende Erfahrungen, wobei die Letztere mit Plumpsklos und ähnlichen Aborteinrichtungen, in denen Röhren die Exkremente in Senkgruben, auf Misthaufen oder einfach ins Freie leiten, zu tun hat. Vor etwa vierhundert Jahren bezog man »in die Röhre schauen« freilich auch auf Fernrohre, mit denen man sprichwörtlich **»in den Mond schaute«,** dem Sinnbild des Trügerischen überhaupt.

In Nürnberg verspottet man Sanitärarbeiter zuweilen gar als **»Pappenheimer«.** Im 14. Jahrhundert nannte man dort schon Abortreiniger, Senkgruben- und Grabenleerer so, außerdem auch **»Nachtarbeiter«, »Sekretgräber«** und **»Sekretfeger«.** Mit gewisser Wahrscheinlichkeit verdankt sich der Scheltname den Grafen von Pappenheim. Sie waren als Reichsmarschälle für die Säuberung der Stadt vor Besuchen von König und Kaiser verantwortlich. Ihre Hilfskräfte sorgten also für die Entfernung des Anrüchigen von den Straßen und die Leerung der Senkgruben, vor allem wenn man, was ebenfalls sprichwörtlich ist, **»den Kanal voll hatte«.**

Das Handwerk lebt mit diesem Spott in der Regel gut. Es beweist sogar besonderen Humor, indem viele Betriebe mit einem derben geflügelten Wort als Selbstbezeichnung spielen, das seit den »Werner«-Comics beliebt ist: »Gas, Wasser, Scheiße«.

ein Rohr verlegen

Bedeutung: derb bzw. verhüllend für Geschlechtsverkehr, jemanden penetrieren

Hintergrund: Das Einbringen eines Rohrs in Erdreich, Mauern und Wände vergleicht man hier derb und verhüllend zugleich mit dem Eindringen des Penis – der ja als ein Rohr verstanden werden kann – in menschliche Körperöffnungen.

FRISEURE, BARBIERE, BADER

über den Löffel balbieren/barbieren

Bedeutung: jemanden betrügen und/oder übervorteilen

Hintergrund: Die altehrwürdige Redensart hat mit dem Problem zu tun, eingefallene, faltige Wangen alter Männer ordentlich zu rasieren, ohne sie zu verletzen oder Barthaare stehen zu lassen. Findig und rücksichtslos zugleich, schoben manche Barbiere solchen Kunden einfach einen Löffel in den Mund und drückten mit der Laffe nach außen, was die Wange glatter und leichter rasierbar machte. Das galt erst als eine Frechheit gegenüber den Kunden, dann als Irreführung und schließlich als Betrug.

PS: »Balbieren« ist eine Wortbildung des 15. Jahrhunderts, die das Wort besser sprechbar machte, neben »barbieren« (zum lateinischen *barba* für Bart) drei- bis vierhundert Jahre lang gebräuchlich war und in einigen Dialekten fortlebt.

einen Motor frisieren, eine Bilanz/Statistik etc. frisieren

Bedeutung: einem Motor höhere Leistung verschaffen, einen Geschäftsabschluss/Daten etc. fälschen

Hintergrund: Um 1700 findet man im Deutschen das Verb »frisieren/friseren«, das ganz im Alltagssinn das Ordnen der Haare bezeichnete. Wir übernahmen es – vielleicht unter dem Einfluss des Niederländischen – aus dem Französischen, in dem *friser* vor allem »kräuseln« hieß und sich auf den Wind beziehen konnte, der die Wasseroberfläche kräuselte, aber auch auf den Coiffeur, der die Haare, oder auf den Modisten, der die Stoffe kräuselte. Wegen des letzten Bereichs entwickelte sich bei uns auch die Nebenbedeutung »mit Rüschen oder Krausen versehen«.

Genau das konnte einerseits als eine deutliche Verschönerung und damit Verbesserung von Kleidungsstücken gelten, aber andererseits auch als eine täuschende Verbrämung von Fehlern derselben. Daraus entstand in der zweiten Hälfte des 20. Jahrhunderts die Redensart für das Tuning von Antrieben und bereits in der Kaufmannssprache des 19. Jahrhunderts diejenige für die täuschende Verschönerung und damit Fälschung der Buchhaltung. Inzwischen kann sich **»frisieren«** auf viele weitere Bereiche wie Daten, Fakten, Statistiken, Meldungen beziehen.

jemanden ordentlich einseifen

Bedeutung: durch freundliche Worte gewinnen/manipulieren/prellen

Hintergrund: Seit je gelten Barbiere und Friseure, früher die Bader, als geschwätzige Leute. Natürlich hofften sie, durch freundliche Schmeichelworte und interessanten Klatsch die Kunden für sich zu gewinnen und zu großzügigen Trinkgeldern zu bewegen. Da ein zur Rasur eingeseifter Kunde ruhig sein und geduldig zuhören musste, wenn er keinen Rasierschaum in den Mund bekommen wollte, lag die Assoziation nahe, dass er von jemandem schwindlig geredet, ja manipuliert werde.

ein Schaumschläger sein, Schaum schlagen

Bedeutung: prahlen, angeben

Hintergrund: Wie schon beim »einseifen« bezieht sich die Redensart besonders auf Bader, Barbiere und Friseure, die von Berufs wegen Rasier-Schaumschläger waren. Ihre angebliche und wohl gar nicht so selten tatsächliche Tendenz, Kunden aufgebauschte Geschichten aufzutischen, passte ebenfalls dazu. Außerdem ist an ältere deutsche Sprichwörter zu denken wie **»Träume sind Schäume«** und **»Schaumschlagen ist keine Kunst«** oder das russische: **»Schaumschlagen gehört zur Kunst der Barbiere.«**

jemanden schröpfen / jemanden zur Ader lassen / ein wahrer Blutsauger sein / jemanden tüchtig bluten lassen

Bedeutung: jemandem rücksichtslos und reichlich Geld abnehmen

Hintergrund: Bis weit in unsere Zeit hinein beriefen sich manche Angehörige von Heilberufen auf die antike Säftelehre, nach der im Körper die schwarze und die gelbe Galle, der Schleim und das Blut in harmonischem Gleichgewicht vorkommen sollten.

Bei vielen Krankheiten – auch psychischen – diagnostizierte man ein Zuviel an Blut oder auch schlechtes Blut als Ursache, entließ es mittels feiner Messer aus Venen oder zog es mittels erhitzter Schröpfköpfe und Unterdruck aus der Haut heraus. Ein drittes Mittel waren die Blutegel. Seit der Popularisierung von Vampirgeschichten denkt man beim **»Blutsauger«** allerdings kaum noch an sie.

Verantwortlich für jegliche Blutverringerung waren bis weit ins 20. Jahrhundert hinein die Bader, die meist ja Friseure, Barbiere und Heiler in Personalunion waren.

Die moderne Medizin weiß, dass beim entsprechenden Krankheitsbild die Anwendung von Blutegeln wegen ihres Gerinnungshemmers Hirudin hilfreich sein kann, Schröpfen und Aderlass in gewisser Weise ebenfalls. Trotzdem wurden das **»Schröpfen«** und der **»Aderlass«** sprichwörtlich für empfindliche Verluste der unterschiedlichsten Art, gerade des lebenswichtigen Geldes.

alles über einen Kamm scheren

Bedeutung: alles gleich/undifferenziert behandeln/beurteilen

Hintergrund: Lange vor den Zeiten privater Badezimmer hatte jede Stadt ihre Badstuben. Dort wurde nicht nur gebadet, sondern der Bader behandelte Warzen und Wunden, zog Zähne, ließ zur Ader, schröpfte, schor den Bart, schnitt die Haare. Dabei halfen Kämme mit unterschiedlich langen Zinken, die gewünschte gleichmäßige Länge zu erzielen. Gotthold Ephraim Lessing beschreibt 1750 die Sache sehr fein in »Beyträge zur Historie und Aufnahme des Theaters«: »Der Alte in der Barbierstube, das Messer ist schon angesetzt, ob er ihn aber glatt oder über den Kamm scheren wird, weiss ich noch nicht.« Damals gab es noch die Nebenbedeutung »betrügen«, auf die er wohl anspielt.

Wer immer nur denselben Kamm für alle Kunden nahm, galt als fauler und schlechter Friseur oder Barbier. Die Redensart existiert auch in anderen Sprachen, so dem Dänischen oder Holländischen.

Eine weitere Erklärung dachten viele Sprecher sicher mit. Sie hat mit der Schafschur zu tun. So kannte man im Holländischen die Variante: *Met welk eenen kam zal hij het schaapje scheren?* Also: »Mit welch einem Kamm soll er das Schäfchen scheren?« Auch in diesem Fall gilt der Einsatz unterschiedlicher Kämme je nach Wollbeschaffenheit der Tiere als das Richtige.

In exakt gleicher Bedeutung und Art findet sich die Redensart übrigens in Bezug auf Schuster, wenn sie **»alles über einen Leisten schlagen«.**

MÜNZSCHLÄGER

von echtem/altem Schrot und Korn sein, vom guten/alten Schlag sein

Bedeutung: ein verlässlicher, rechtschaffener, aufrechter Mensch sein

Hintergrund: Ursprünglich galt dieses schöne Lob geprägten Münzen, vor allem ab dem späten 16. Jahrhundert. Damals nannten die Münzschläger das Münzgewicht »Schrot«, weil man die Rohlinge aus grob geschnittenen, »geschroteten« Metallbarren herstellte. Denselben Ursprung haben die Schrot-Munition und der Schrott – ursprünglich kleine Metallreste. Das Verhältnis zwischen dem Münzgewicht und der Menge an Edelmetall darin hieß nach der kleinsten Gewichtseinheit »Korn«, denn man benutzte lange Zeit Samenkörner zum feinen Wiegen. Stimmte das Verhältnis von Gewicht und Edelmetallgehalt, nannte man die Münze »von echtem Schrot und Korn«. Da man die Qualität von Menschen ebenfalls mit Edelmetall verglich wie in **»ein Goldjunge sein«, »ein goldenes Herz haben«** etc., lag es nahe, auch vertrauenswürdige, wertvolle Menschen mit der Redensart **»von echtem Schrot und Korn«** zu loben.

Vor allem nach 1600 wiesen immer mehr Landesherren in Finanznöten ihre Münzschläger an, den Gehalt an Gold oder Silber pro Geldstück zu verringern. So gewannen die zuvor geprägten Münzen noch mehr an Wert, und man lobte sie nun mit der Redensart **»von altem Schrot**

und Korn«. Und auch in dieser Form wurde die Garantie- zur Qualitätsredensart. Eine Variante dazu, die sich direkt auf das Schlagen der Münzen bezog, war »vom guten/alten Schlag sein«.

ein besonderes Gepräge haben, jemandem/etwas seinen Stempel aufdrücken

Bedeutung: eine besondere Eigenart/Charakteristik haben, jemanden/etwas auf charakteristische Weise beeinflussen

Hintergrund: Wir merken einprägsamen Formulierungen des Alltags ihre Herkunft aus dem Bereich des Münzenschlagens gar nicht mehr an, obwohl sie sich selbst tief in unser Gedächtnis eingeprägt haben und das in ganz ausgeprägter Art und Weise.

Wer denkt bei diesen Wörtern schon noch an den Prägestempel, der alle Merkmale möglichst exakt auf den Rohling überträgt: Köpfe, Adler, Zahlen, Wappen, Muster und vieles andere mehr. Durch seine Arbeit gibt der Münzschläger den Geldstücken ihr spezifisches und bleibendes Aussehen: Er **»drückt ihnen seinen Stempel auf«.**

FASSMACHER, FASSBINDER, SCHÄFFLER, BÜTTNER, KÜFER, BÖTTCHER

Das schlägt dem Fass den Boden aus!

Bedeutung: Jetzt ist es genug! Das ist der Gipfel der Frechheit! Das Maß ist voll!

Hintergrund: Gleich zwei verschiedene Hintergründe gibt es für diese Empörungsredensart. Der erste hat mit der Fassherstellung zu tun. Das war für die Büttner eine langwierige und schwierige Arbeit. Die Fassdauben mussten exakt gehobelt und unter Wasserdampf gebogen werden, dann mit einem Boden ausgestattet, zusammengefügt und mit zwei eisernen Reifen außen versehen. Den einen musste man wieder lockern, um den oberen Boden einzusetzen. Schlug der Böttcher dann den Eisenreifen zu fest auf, so sprang zuweilen der Boden heraus, und die ganze mühsame Arbeit musste wiederholt werden. Das 16. Jahrhundert kannte die Redensart **»Das schlägt dem Fass den Boden aus«** bereits. Luther verwendete sie in seiner Bibelübersetzung und in seinen Werken mit direktem Bezug zum Böttcherhandwerk: »Er wird so lange an den reiffen klopfen, das eins mal dem fas der boden ausspringen wird.«

Den zweiten Hintergrund bildet die Qualitätssicherung von Waren. Über Jahrhunderte hinweg verkaufte man nämlich allerlei in Fässern: Heringe, Wein, Bier, Sauerkraut, sogar Bücher. An Markttagen gingen amtliche Kontrolleure umher und prüften alles. Trafen sie auf Händler ohne Verkaufsrecht, erkannten sie schlechte Waren oder unerlaubt eingeführte, dann befahlen sie, den Fässern, in denen sie feilgeboten wurden, den Boden auszuschlagen. Gerade für Wein finden sich viele Beispiele dieser Praxis. So gab es den »stummen«, also verfälschten Wein. Fand man davon Fässer, so wurden sie wie menschliche Delinquenten abtransportiert, begleitet von Schergen und einer Art Henker, der ihnen dann unter großem Anteil der Schaulustigen die Böden ausschlug. Als lustige Steigerung verknüpfte man später die Redensart mit zwei ähnlichen zu **»Das schlägt dem Fass die Krone ins Gesicht«.**

Weitere Fass-Redensarten wie **»ein Fass ohne Boden sein«,** das ironische **»ein Fass ins Rollen bringen«** oder **»ein Fass aufmachen«** verdanken ihre Entstehung nicht dem Handwerk direkt.

außer Rand und Band geraten/sein

Bedeutung: übermütig und ausgelassen, wild, hemmungslos sein

Hintergrund: Obwohl auch diese Redensart aufs Böttcherhandwerk zurückgeht, findet man sie erst im 19. Jahrhundert schriftlich belegt, dafür dann sehr häufig. Es geht um Fässer, deren Randeinfassung und Fassreifen sich gelöst haben, sodass sie auseinanderfallen. Genauso haltlos und ohne Maß empfand man wild feiernde Menschen oder ausgelassen spielende Kinder.

BRAUEREIWESEN

Da wird doch der Hund in der Pfanne verrückt!

Bedeutung: Ausruf des Erstaunens, der Empörung

Hintergrund: In der Nordhälfte Deutschlands ist dieser Ausruf deutlich bekannter als in der Südhälfte. Bei der Figur Till Eulenspiegel ist es genauso, und auf einen seiner Streiche führt man den Satz zurück.

Eine Triggerwarnung für Tierfreunde ist hier angebracht: Lesen Sie nur weiter, wenn Sie gute Nerven und ein starkes Herz haben.

In Einbeck arbeitete Till Eulenspiegel für einen Bierbraumeister, der ihm einschärfte, er solle »den Hopfen in der Pfanne mitsieden«, um ein kräftig schmeckendes, gut verkäufliches Gebräu zu erhalten. Nun besaß der Braumeister einen Hund, der den damals durchaus beliebten Namen Hopf trug. Eulenspiegels Methode, seine Mitmenschen auf den Arm zu nehmen, indem er sie wörtlich nahm, führte ein schreckliches Ende des Tiers herbei. Er nahm nicht die Hopfendolden, sondern »den Hopfen« (der Hundename in flektierter Form) und warf ihn in die Braupfanne, wo er unter verrückten Zuckungen starb.

Es braut sich etwas zusammen, ein Unheil/Lügen brauen

Bedeutung: etwas Bedrohliches entsteht, Unheil/Lügen vorbereiten

Hintergrund: Die Wortwurzeln von »brauen« sind uralt. Es beschreibt ursprünglich das Aufwallen von Flüssigkeiten, besonders durch Gärung, dann vor allem das Herstellen von Bier und später von Mischgetränken wie Punsch. In der Regel beurteilte man diese Prozesse als positiv, weil dabei gute Getränke entstanden.

Doch war die Gärung schwer zu steuern, urwüchsig und ein wenig unheimlich. Legenden und Sagen kamen hinzu, in denen höhere, manchmal unheimliche Mächte das Schicksal des Menschen aus unterschiedlichen Zutaten zusammenbrauen. In Anlehnung daran bezeichneten Seefahrer plötzlich aufziehende Sturmwolken oder gefährliche Nebelbänke mit Brauvokabeln.

»Da braut sich etwas zusammen« ist deshalb durchweg als Warnung zu verstehen. Und wie das Kochen eines Gifttrankes brachte man

»brauen« sprichwörtlich in einen Zusammenhang mit der Herstellung von Lüge, Unheil und Rache.

An jemandem ist Hopfen und Malz verloren.

Bedeutung: Bei jemandem ist alle Mühe vergebens, er ändert sich trotz aller Ermahnungen nicht.

Hintergrund: Ein Mensch wird hier mit einem schlechten Bier verglichen. Früher braute, wer konnte, sein Bier selbst. Hopfen und Malz waren neben dem Wasser die Hauptbestandteile. Man kennt sie auch aus dem Brauer-Spruch **»Hopfen und Malz, Gott erhalt's«.**

Die meisten Bauern oder Bürger waren freilich keine Braumeister. Doch selbst bei denen kam manchmal ein übel schmeckendes Gebräu heraus. In diesem Fall waren die wertvollen Bestandteile Hopfen und Malz verloren. Das Bier ließ sich nicht mehr verbessern oder retten – wie manche unverbesserlichen Menschen.

etwas wie sauer Bier anpreisen

Bedeutung: eifrig für etwas werben, das niemand haben will

Hintergrund: Beim Brauvorgang früherer Jahrhunderte kam es nicht zuletzt wegen mangelnder Hygiene oder falscher Temperierung häufiger zu unerwünschten Gärvorgängen; das Gebräu kippte um, wurde sauer, schmeckte seifig, roch schlecht. Wer **»sauer Bier«** verkaufen wollte, musste sich also unerhört ins Zeug.

HAFTELMACHER

Da muss man aufpassen wie ein Haftel-/Heftel-/Heftlesmacher.

Bedeutung: Da muss man sehr genau aufpassen.

Hintergrund: Besonders an feinen Miedern oder anderen Kleidungsstücken begegnet man Hefteln oder Hafteln, die in Mundarten auch anders heißen. Das Wort beschreibt kleine Häkchen und die zugehörigen Ösen.

Bei ihrer Herstellung muss man genau aufpassen, weil sie so winzig sind; außerdem müssen beide Teile genau zusammenpassen.

Varianten der Redensart wie **»Es geht so schnell wie's Heftelmachen«** oder **»Da geht's zu wie beim Haftelmacher«** beziehen sich darauf, dass die Produktion der zierlichen Haken und Ösen erstaunlich rasch vor sich ging, zumal man sie oft in einzelne Arbeitsschritte aufteilte und sehr fix Hand in Hand arbeitete.

BÜCHSENMACHER

etwas in Schuss halten/bringen, in/im Schuss sein

Bedeutung: funktionsfähig und in Ordnung halten/bringen, in Ordnung sein

Hintergrund: Gewehre wie Geschütze müssen regelmäßig und sorgfältig gereinigt sowie gepflegt werden, um sie funktionsfähig und damit schießbereit zu halten. Heute leben Büchsenmacher oft mehr von Instandhaltungs-, Pflege- und Reparaturaufträgen als von der Herstellung neuer Waffen.

BOOTS-, SCHIFFSBAUER

etwas vom Stapel lassen

Bedeutung: etwas von sich geben, etwas erzählen

Hintergrund: Vor allem Redner, die gebeten werden wollen, ermuntert man mit dem Spruch: **»Nun lass mal was vom Stapel!«** Andere verwenden ihn, um die eigene Rede anzukündigen, gleichzeitig aber anzudeuten, dass etwas Lockeres, Anekdotisches folgt: **»Jetzt will ich mal was vom Stapel lassen.«**

Selbstverständlich geht es dabei um jene kunstvollen Holzstapel, die in der Werft dem langsam wachsenden Schiffskörper Halt geben, die Helling. Erst wenn die Schiffsbauer mit dem Rumpf fertig sind, schlägt man die Bremsklötze weg und lässt den schwimmfähigen Schiffskörper ins Wasser gleiten. Wegen der Holzstützstapel nennt man den Vorgang **»Stapellauf«** oder »ein Schiff vom Stapel lassen«, den Beginn des Schiffsbaus dagegen »auf Stapel legen« oder »auf Kiel legen«.

Im 18. Jahrhundert spätestens verwendete man den Ausdruck in übertragener Bedeutung, sodass man Vorträge, aber auch Wünsche »vom Stapel lassen« konnte, mit Hoffnung auf fröhliche Fahrt. Unter Seeleuten sagte man dann auch fürs Schwängern: »Hei heft êr wat op en Stâpel gesett.« Der Stapellauf des Kindes erfolgt neun Monate danach.

GLASBLÄSER

ein Fiasko erleben/erleiden

Bedeutung: einen katastrophalen Misserfolg erleben/erleiden, fürchterlich scheitern

Hintergrund: Wie schön ist Murano-Glas! Herrlich bunt und in komplizierten Formen geblasen. Auf der Insel nordöstlich von Venedig wird die beeindruckende Handwerkstradition bis heute gepflegt, und es ist wahrlich nicht leicht, kunstvoll geformte Hohlkörper aus glühender Glasmasse herzustellen. Wenn ein Lehrling anfing mit der Glasbläserei, dann gelang es ihm anfangs selten, ein formschönes Stück zu gestalten. Selbst erfahrene Glasbläser scheiterten zuweilen mit ambitionierten Versuchen. Dann lachten die Kollegen spöttisch. Sie wussten, dass man missratene Glaskunstwerke wieder einschmelzen konnte, freilich machte man beim zweiten Mal daraus am einfachsten und billigsten bloß eine Art Flasche (italienisch *fiasco*). Die konnte man wenigstens noch verkaufen. Man rief vergnügt *»un fiasco«*, und in der Regel musste der Verspottete dann eine Runde ausgeben.

Auch Besucher der Werkstätten durften manchmal die Glasbläserei ausprobieren. Bei denen kam sowieso nur Flaschenähnliches heraus – da johlten und riefen die Handwerker erst recht vergnügt *»un fiasco«!*

Im nahegelegenen venezianischen Opernhaus »La Fenice« tat man es den Glasbläsern nach und hängte schlechten, ausgebuhten Sängern unter dem spöttischen Ruf *»che fiasco*!« eine Flasche um den Hals.

Das tat man auch auf den Bühnen Frankreichs, von wo aus wir das Wort im 19. Jahrhundert übernahmen. Da war der Glasbläserhintergrund des Fiaskos längst vergessen.

SEILER

jemandem einen Strick (aus etwas) drehen; mit des Seilers Tochter Hochzeit halten; ein Galgenstrick sein

Bedeutung: jemandem eine Äußerung oder Handlung so auslegen, dass sie ihm schadet oder ihn in einem schlechten Licht erscheinen lässt; aufgehängt werden; ein übler Bursche sein

Hintergrund: Eigentlich drehten die Seiler harmlose Stricke, die haltbar und gut waren und für viele Zwecke geeignet. Doch man bezog »Strick« im Sprichwörtlichen durchweg auf den des Henkers, beschimpfte einen zwielichtigen Typen als **»Galgenstrick«,** der bald – eine typische Märchenformel – **»mit des Seilers Tochter Hochzeit halten«** würde. »Des Seilers Tochter« ist eine verhüllende Bezeichnung des Galgenstricks, mit dem jemand in eine unangenehm innige Verbindung – dafür steht die Hochzeit – treten wird.

»Jemandem einen Strick drehen« bedeutet dementsprechend ursprünglich, eine Sache so auszulegen, dass sie jemanden an den Galgen bringen könnte.

Ein roter Faden zieht sich (durch etwas) hindurch.

Bedeutung: Es gibt einen zentralen Gedanken.

Hintergrund: Die Seiler, welche für die britische Marine arbeiteten, versahen all ihr Tauwerk mit einer farbigen Seele – so heißt der Zentralfaden. In der königlichen Werft Chatham benutzte man gelbe Farbe, in Portsmouth blaue, in Plymouth rote. Die Seele markierte so in doppelter Weise die Herkunft des Tauwerks und den Eigentümer – die britische Marine. Entfernen ließ sie sich nur, indem man die Taue zerstörte. Damit diente sie als eine ebenso billige wie wirkungsvolle Diebstahlsicherung. Von dieser Einrichtung erfuhr Johann Wolfgang Goethe und war so fasziniert davon, dass er 1809 in seinem Roman »Die Wahlverwandtschaften« von dem roten Faden und seiner Funktion berichtete; offenbar hatte er es aus Plymouth erfahren. Anschließend verglich er ihn im Roman mit einem Gedanken, der sich durch einen Text zieht und diesen der Schreiberin ganz zu eigen macht.

Noch heute hofft man bei schriftlichen und mündlichen Texten auf einen roten Faden im übertragenen Sinn, doch selbst wenn er vorhanden sein sollte, als Diebstahlsicherung taugt er nicht.

GRAFIKER

jemanden (ab-)scannen / nach bestimmten Kriterien abscannen

Bedeutung: jemanden genau und meist kritisch beäugen, beurteilen, bewerten

Hintergrund: Man kann es sich kaum vorstellen, aber Scanner fanden sich noch vor wenigen Jahrzehnten fast ausschließlich in grafischen Betrieben. Das Gerät für die genaue Abtastung von Vorlagen wurde freilich rasch beliebt und ebenso die Übertragung seiner Tätigkeit auf die genau prüfende Begutachtung von Menschen. Die heute üblichen Ganzkörperscanner gab es zu Entstehungszeiten der Redensart noch nicht.

ZUM SCHLUSS EIN WORT ZU LACK UND TÜNCHE SOWIE ZU DEN MALERN

Wer ein Produkt nach allen Regeln der Handwerkskunst herstellt, der achtet auf Langlebigkeit und Schönheit zugleich. Beides wird durch einen gründlichen Anstrich gesteigert, der auch den Außenbereich von Gebäuden, Metallteile und vieles andere schützt und schmückt. Vor allem das Handwerk der Maler und Lackierer hat damit zu tun, aber natürlich verwenden auch viele weitere Handwerker ein schützendes Finish.

Zuerst muss dafür ein tragfähiger Grund hergestellt werden, oft eine Grundierung geschaffen, dann eine Farbschicht oder gar mehrere aufgebracht werden, dazwischen vielleicht geschliffen und am Ende der passende Lack aufgetragen als glänzender Abschluss im doppelten Sinn. Und genau daraus erklären sich viele Redensarten wie **»Alles im Lack!«** oder **»Fertig ist der Lack!«,** die freilich längst auch heiter und ironisch verwendet werden können. Schließlich kann Lackfarbe auch Fehlerhaftes täuschend überdecken. Dazu passt, dass man vor fünfhundert Jahren das Wort »Lack« auch für »Schminke« verwendete, die ebenfalls im Ruf stand, etwas zu überdecken bzw. vorzutäuschen.

Wer sich vom Lack täuschen lässt, ist der **»Gelackmeierte«.** »Meier« ist in vielen Spottnamen gebräuchlich und »der Lackierte« schon lange sprichwörtlich für einen, der betrogen wurde. Der schöne Schein kann durchaus auch echt sein, aber im Lauf der Jahre abblättern, was zum ernüchterten Spruch **»Der Lack ist ab!«** führte.

»Lack« kam im 19. Jahrhundert auch als Kurzwort für »Lackschuhe« vor. Das erklärt Ausdrücke wie den vom »Lackaffen«, eigentlich jemand, der in lächerlicher Weise sich fein gemacht hat. In der Umgangssprache ist der »Lackel« damit verwandt.

Ganz ähnliche Bedeutungen wie der Lack hat die Tünche im Sprichwörtlichen. So beschwert man sich bis heute, dass manches lediglich übertüncht wurde, statt es fachgerecht zu sanieren oder im übertragenen Sinn zu richten. Abblätternde oder verschwundene Tünche wurde ebenfalls oft sprichwörtlich. In beiden Fällen kommt durch diesen Alterungsprozess das Eigentliche, oft Unschöne darunter zum Vorschein. Schon vor zweihundert Jahren wies ein Sprichwort auf die Verbindung von Lack und Handwerk hin, freilich eher auf das der Möbeltischler: **»Wenn der Lack weg ist, sieht man die Wurmstiche.«** Deshalb finden sich auch Redensarten wie die vom **»Kratzen am Lack«,** das man besser unterlassen sollte, weil darunter Unerfreuliches erscheinen könnte.

Am Ende des Buches ist es gleichwohl geradezu erwünscht, am Lack zu kratzen: Falls Auszubildende, Gesellen oder Meisterinnen bemerken sollten, dass die Grundierung meiner Ausführungen oder manche ihrer Schichten Fehler aufweisen, dann bitte ich herzlich um ihre geschätzten Hinweise an dr.essig@web.de.

Schließlich bin ich nur ein Heim-, kein Handwerker, wenngleich ich mich gern auf den Stolz dieses so überaus wichtigen Wirtschaftszweiges berufe, dem ich in gewisser Weise angehöre, zumindest dann, wenn meine Texte passgenau den Wünschen der Auftraggeber entsprechen und den Lesern und Leserinnen möglichst lange Nutzen und Freude bereiten.

Man kann sich ausmalen, dass ich ein so schönes Ziel nicht immer erreichen kann. Dem einen pinsle ich zu grau in grau, dem anderen in zu leuchtenden oder rosigen Farben, der dritte findet bei mir zu viel Schwarzmalerei. Das ist alles sprichwörtlich, hat wie **»den Teufel an die Wand malen«** oder **»etwas sieht aus wie gemalt«** aber leider nichts mit dem Malerhandwerk im engeren Sinn zu tun, sondern mit den bildenden Künsten. Wenn der eine oder die andere bei der Lektüre meines Buches urteilte, es sei **»wie gemalt«,** dann wäre ich auf jeden Fall ein sehr glücklicher Wortwerker.

PS: **»Dein Vater war wohl Glaser«** ist eine meiner liebsten Redewendungen aus dem Handwerksbereich, weil ich sie schon so lange kenne und mein Vater sich oft als Amateurglaser betätigte. Man verwendet sie, wenn jemand unverschämt oder unbedacht anderen die Sicht versperrt, als wäre er aus Glas und durchsichtig.

Literaturverzeichnis und Dank

Vor allem ist auf Wolfgang Mieders ungezählte Untersuchungen zu verweisen, die außerordentlich hilfreich und anregend sind, dazu auf die Zeitschrift »Proverbium« sowie Speziallexika und Wörterbücher zur – auch historischen – Idiomatik, die ich hier wegen der Menge nicht nennen kann. Für seine persönlich erteilten Ratschlägen und Tipps danke ich Wolfgang Mieder an dieser Stelle ausdrücklich, ebenso meiner Frau Gudrun Schury sowie Barbara Dicker, Adrien M. M. Hümmer, Michael Lobe und Markus Schellmann.

Adelung, Johann Christoph: Grammatisch-kritisches Wörterbuch der Hochdeutschen Mundart. Ausgabe letzter Hand. Leipzig 1793–1801.

Deininger, Tina / Jaugstetter, Gerhard / Essig, Rolf-Bernhard: Die Letzten ihrer Zunft. Altes Handwerk und aussterbende Berufe in Franken. Cadolzburg 2011.

Digitales Wörterbuch der deutschen Sprache (www.dwds.de): Der deutsche Wortschatz von 1600 bis heute.

Duden: Redewendungen. Wörterbuch der deutschen Idiomatik. 5. Auflage. Berlin 2020.

Friederich, Wolf: Moderne deutsche Idiomatik. Systematisches Wörterbuch mit Definitionen und Beispielen. München 1966.

Küppers, Heinz: Illustriertes Lexikon der deutschen Umgangssprache. Stuttgart 1990.

Müller, Klaus (Hg.): Lexikon der Redensarten. Herkunft und Bedeutung deutscher Redewendungen. München 2005.

Röhrich, Lutz: Lexikon der sprichwörtlichen Redensarten. Freiburg 2003.

Röhrich, Lutz / Meinel, Gertraud: Redensarten aus dem Bereich von Handwerk und Gewerbe. In: Alemannisches Jahrbuch 1971/72, S. 163–198.

Schnatmeyer, Susanne: Verflixt und zugenäht. Berlin 2019.

Stöckle, Frieder: Altes Handwerk im 20. Jahrhundert – dörfliche Arbeits- und Lebenswelten in Nord-Württemberg. Tübingen/Stuttgart 1993.

Wander, Karl Friedrich Wilhelm: Deutsches Sprichwörter-Lexikon. Ein Hausschatz für das deutsche Volk. Leipzig 1866–1880 [in verschiedenen Nachdrucken erhältlich und im Netz zu finden unter www.zeno.org].

 D C B A
Bibliographisches Institut GmbH, Mecklenburgische Straße 53, 14197 Berlin

Redaktion Juliane von Laffert
Herstellung Uwe Pahnke, Alfred Trinnes
Layout und Satz Burga Fillery, Berlin
Umschlaggestaltung 2issue, München
Umschlagabbildung Till Laßmann
Illustrationen Till Laßmann
Druck und Bindung AZ Druck und Datentechnik GmbH,
Heisinger Straße 16, 87437 Kempten

Printed in Germany
ISBN 978-3-411-75667-4
www.duden.de

PEFC
PEFC/04-31-2260

PEFC zertifiziert
Dieses Produkt stammt aus nachhaltig bewirtschafteten Wäldern und kontrollierten Quellen.
www.pefc.de